高等院校应用型财经专业基础课规划教材

计量经济学基础习题解答

周兆平　编著

对外经济贸易大学出版社
中国·北京

图书在版编目（CIP）数据

计量经济学基础习题解答／周兆平编著．—北京：
对外经济贸易大学出版社，2016.3
高等院校应用型财经专业基础课规划教材
ISBN 978-7-5663-1546-5

Ⅰ．①计… Ⅱ．①周… Ⅲ．①计量经济学-高等学校
-题解 Ⅳ．①F224.0-44

中国版本图书馆 CIP 数据核字（2016）第 030123 号

计量经济学基础习题解答

周兆平 **编著**

责任编辑： 史伟明

对 外 经 济 贸 易 大 学 出 版 社
北京市朝阳区惠新东街 10 号 邮政编码：100029
邮购电话：010-64492338 发行部电话：010-64492342
网址：http://www.uibep.com E-mail：uibep@126.com

北京华创印务有限公司印装 新华书店北京发行所发行
成品尺寸：185mm×260mm 8.5 印张 196 千字
2016 年 4 月北京第 1 版 2016 年 4 月第 1 次印刷

ISBN 978-7-5663-1546-5
印数：0 001-3 000 册 定价：30.00 元

前　言

本书是教材《计量经济学基础》的配套用书，适合经济类和工商管理类本科生学习使用。

本书包括教材《计量经济学基础》中每章习题的解答与每章学习的目的和重点，其中，第二章和第三章增加了附加题以及解答。

习题解答中使用的软件是EView6.0。习题的答案仅是一种参考答案，错误在所难免，恳请读者批评指正。

感谢李辉教授、林权副教授对本书编写工作的大力支持，感谢王森教授、张顺副教授对教学提出的有益建议，感谢唐家笑先生、周思然女士在本书编写过程中所提供的方便和帮助，感谢对外经济贸易大学出版社和李晨光女士为本书的出版所作出的努力。

周兆平

2015年6月4日于大连

目　录

第一章

概　　述

本章学习目的：明确计量经济学的概念；区分计量经济学与其他学科的不同；了解计量经济学的独特的研究经济问题的方法；以及计量经济学的研究过程。

本章学习重点：什么是计量经济学？计量经济学与其他学科之间的联系与区别是什么？计量经济学的研究过程是什么？所构建的模型中的变量之间的因果关系产生的原因是什么？数据的类型有几种？

1.1　什么是计量经济学？

答：计量经济学家对计量经济学的定义有不同的解释，一般认为：计量经济学是经济理论、统计学和数学的结合物，或者说，是经济理论、经济统计和数理统计的混合物，参见教材 P.1—P.2。

1.2　为什么说计量经济学是一门独立的经济学科？

答：（1）计量经济学与其他学科的不同。经济理论主要是通过逻辑论证得出结论，大多数是定性的研究结果。数理经济学是用数学形式来表述经济理论。经济统计主要是收集、加工并用图示来体现经济数据。计量经济学是把数量经济学用数学形式表述方程改造成适合于经验验证的形式。计量经济学离不开经济理论做指导，离不开经济统计提供数据，离不开数理统计提供理论方法，最终对实际经济问题进行分析以此来验证经济理论。

（2）计量经济学在经济学中的地位，足以说明其是一门独立学科。主要的证据是在诺贝尔经济学奖获得者中，因为对计量经济学做出贡献而获奖者所占比例最高。

（3）计量经济学有其独特的研究经济问题的方法。首先，是根据观测数据而不是实验数据来建立模型。其次，所构建的计量经济学模型必须与实际经济现象和经济理论相符合，否则，模型将无意义。最后，从某种角度看，计量经济学是一门方法论学科，其核心内容是模型参数的估计方法，即参数与模型检验，参见教材 P.3—P.4。

1.3 如何理解解释变量与被解释变量之间的关系？请举例说明。

答：即用解释变量来解释被解释变量。比如，在凯恩斯消费函数中，用解释变量收入来解释被解释变量消费，即收入中用于消费的那部分是多少，或者收入中多少直接影响着消费，参见教材 P.5。

1.4 简述经济学理论、数理经济学与计量经济学之间的联系与区别。

答：经济理论所涉及的数量关系是确定的，但并不能给出具体的数值。计量经济学可以利用样本来估计参数的具体数值。计量经济学需要经济理论做指导，计量经济学最终得到的结果必须与实际经济意义相符合，否则，建立的模型将毫无意义。

数理经济学主要是根据数学理论来建立数学表达式或方程来表述经济理论，而计量经济学是根据数量经济学提供的数学表达式或方程，并改造成经验验证的形式，对实际经济问题构造模型并验证经济理论，参见教材 P.3。

1.5 是不是所建立的模型一定存在因果关系？请举例说明。

答：如果所建立的模型仅仅是纯数学上的，就不一定存在因果关系。是否存在因果关系主要看其经济理论的内在关系，比如根据降雨量影响农作物收成来建立的模型，其因果关系在模型建立之前就已经存在。反过来，也不能因为模型的建立而得出农作物收成影响降雨量的因果关系，参见教材 P.8。

1.6 请解释“线性”的含义。

答：“线性”在数学上指的是函数的几何意义是一条“直线”，在代数式上，自变量是一次的函数关系。在计量经济学中，“线性”的含义，一是指被解释变量与解释变量之间具有线性关系；二是被解释变量与参数之间具有线性关系。后面，我们会看到，“线性”关系主要指的是后者，参见教材 P.5。

1.7 数据类型有几种？请分别举例说明。

答：有三种类型，即时间序列数据，比如每年的国内生产总值；截面数据，比如某年全国 31 个省区财政收入；面板数据，比如各省市不同年份的经济发展统计数据。

1.8 请用图示描述计量经济学的研究过程。

答：参见教材 P.9 图 1.3。

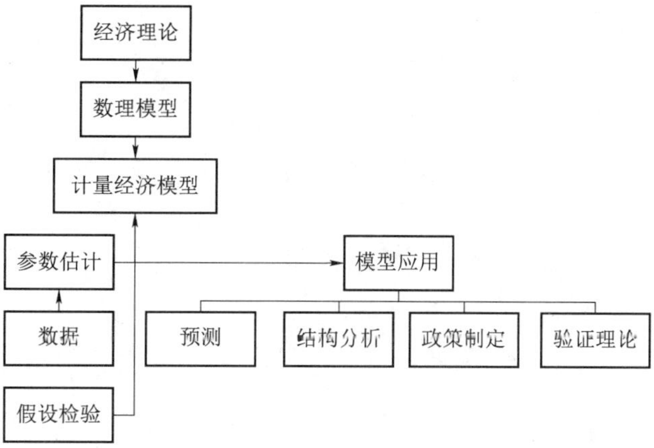

图 1.3 计量经济学的研究过程

1.9 简述计量经济学的主要类型。

答：计量经济学分为理论计量经济学（Theoretical Econometrics）和应用计量经济学（Applied Econometrics）。理论计量经济学主要侧重于理论和方法的数学证明与推导，依赖于数理统计。应用计量经济学是用理论计量经济学作为工具，去研究经济学或管理学的某些特殊领域的问题，比如金融计量经济学等。

经典计量经济学（Classical Econometrics）一般指 20 世纪 70 年代以前的计量经济学，非经典计量经济学（Non-Classical Econometrics）或现代计量经济学（Modern Econometrics），主要包括微观计量经济学、非参数计量经济学、时间序列计量经济学和平行数据计量经济学。也可以按照所使用的方法来划分，即经典方法和贝叶斯方法（Bayesian）。

微观计量经济学（Microeconometrics）是由 2000 年诺贝经济学奖获得者詹姆斯·赫克曼（James Joseph Heckman）和丹尼尔·麦克法登（Daniel Little McFadden）提出来的。而宏观计量经济学（Macroeconometrics）的名字由来已久，但是近 20 多年来，单位根检验、协整理论以及动态计量经济学则成为宏观计量经济学的主要研究方向。

也有人把计量经济学分为广义计量经济学和狭义计量经济学，例如投入产出分析方法就属于广义计量经济学。

按照学习的难易程度，计量经济学可划分为初级、中级和高级，参见教材 P.10。

第二章

简单线性回归模型

本章学习目的：掌握总体回归函数与样本回归函数之间的关系以及数学表达式；熟练掌握用 OLS 方法来确定参数估计量以及估计量的方差表达式；掌握在基本假定条件下的高斯马尔科夫定理；能熟练计算判定系数以及回归标准差；掌握区间估计与假设检验以及模型 t 检验；能熟练进行简单线性回归模型的预测。

本章学习重点：总体回归函数与样本回归函数数学表达式；OLS 方法的纯数值性质以及离差方式表达的有关公式与性质的证明；有关高斯马尔科夫定理的证明；计算回归标准差与判定系数；计算估计区间；简单线性回归模型的 t 检验；简单线性回归模型的预测。

简单线性回归模型检验答题模式：

（1）建立模型：如：$Y_i=\beta_1+\beta_2X_i+u_i$。

（2）在给定显著性水平 5%的条件下，对模型进行检验，并分析模型的经济意义。

拟合优度：R^2 检验：0.8 以上，认为拟合效果很好；0.6～0.8 之间，认为拟合效果一般；0.6 以下，认为拟合效果不好。

t 检验：原假设 $H_0\colon \beta_2=0$；备择假设 $H_1\colon \beta_2\neq 0$。在给定显著水平 $\alpha=0.05$ 条件下，查 t 分布表，得临界值 $t_{0.025}(n-2)$。

计算 $t=\dfrac{\hat{\beta}_2}{\hat{SE}(\hat{\beta}_2)}$，若 $|t|>t_{0.025}(n-2)$，则拒绝原假设 $H_0\colon \beta_2=0$，不拒绝备择假设 $H_1\colon \beta_2\neq 0$，即模型检验显著，说明解释变量 X_i 对被解释变量 Y_i 有显著影响。

若 $|t|\leqslant t_{0.025}(n-2)$，则不拒绝原假设 $H_0\colon \beta_2=0$，即模型检验不显著，说明解释变量 X_i 对被解释变量 Y_i 没有显著影响。

对截距系数 β_1 的检验的实际经济意义并不大。

P 值检验：若 P 值＜$\alpha=0.05$，说明模型检验显著（在 EViews 软件结果显示下，每个参数估计值都对应一个 P 值，此项检验可以省略），否则，若 P 值＞ $\alpha=0.05$，说明模型检验不显著。

经济意义或结构分析：解释变量 X_i 每增加一个单位，平均来说，会引起被解释变量 Y_i 变动（增加或减少）$\hat{\beta}_2$（对具体例题换成具体的经济变量来解释）。

2.1　简述随机干扰项产生的原因。

答：详见教材 P.25—P.26。

（1）由于经济理论的不完备，作为未知因素的代表。

（2）由于数据欠缺，作为无法取得数据的代表。

（3）由于忽略了一些影响微小的因素，作为众多微小影响因素的代表。

（4）作为数据观测误差的代表。

（5）作为模型设定错误的代表。

（6）人类行为以及经济现象内在的随机性。

2.2　简述简单线性回归模型的基本假设。

答：详见教材 P.37。

假定 1：随机干扰项均值为零，即 $E(u_i)=0$。

假定 2：随机干扰项具有同方差性，即 $Var(u_i)=\sigma^2$。

假定 3：随机干扰项无自相关，即 $Cov(u_i,u_j)=0$（$i\neq j$）。

假定 4：随机干扰项与解释变量不相关，即 $Cov(u_i,X_i)=0$。

假定 5：随机干扰项服从正态分布，即 $u_i \sim N(0,\sigma^2)$。

2.3　指出下列计量经济学模型哪些是正确的，哪些是错误的。

（1）$Y_i=\beta_1+\beta_2X_i$；

（2）$Y_i=\beta_1+\beta_2X_i+u_i$；

（3）$Y_i=\hat{\beta}_1+\hat{\beta}_2X_i+u_i$；

（4）$Y_i=\hat{\beta}_1+\hat{\beta}_2X_i$；

（5）$Y_i=\hat{\beta}_1+\hat{\beta}_2X_i+e_i$；

（6）$\hat{Y}_i=\hat{\beta}_1+\hat{\beta}_2X_i+e_i$；

（7）$\hat{Y}_i=\hat{\beta}_1+\hat{\beta}_2X_i$；

（8）$\hat{Y}_i=\hat{\beta}_1+\hat{\beta}_2X_i+u_i$。

答：（2）、（5）、（7）是正确的，其他模型是错误的。

2.4 在简单线性回归模型中，设 $\hat{\beta}_2$ 为 Y 对 X 的回归中的斜率系数的 OLS 估计值；$\hat{\alpha}_2$ 为 X 对 Y 的回归中的斜率系数的 OLS 估计值，r 为 X 与 Y 之间的相关系数，请证明：

$$\hat{\alpha}_2\hat{\beta}_2 = r^2$$

证明： 由 OLS 方法得，

$$\hat{\beta}_2 = \frac{\sum x_i y_i}{\sum x_i^2},\quad \hat{\alpha}_2 = \frac{\sum x_i y_i}{\sum y_i^2} \quad \text{因此} \quad \hat{\alpha}_2\hat{\beta}_2 = \frac{\sum x_i y_i}{\sum y_i^2}\frac{\sum x_i y_i}{\sum x_i^2} = \frac{(\sum x_i y_i)^2}{\sum x_i^2 \sum y_i^2} = r^2$$

2.5 设简单线性回归模型为 $Y_i = \hat{\beta}_1 + \hat{\beta}_2 X_i + e_i$，在 OLS 条件下，证明下列各式：

（1）$\sum e_i = 0$；

（2）$\sum (e_i X_i) = 0$；

（3）$\sum (\hat{y}_i e_i) = 0$。

证明： 详见教材 P.30 和 P.32 的证明。采取普通最小二乘法：使残差平方和为最小，即使 $\sum e_i^2 = \sum (Y_i - \hat{Y}_i)^2 = \sum (Y_i - \hat{\beta}_1 - \hat{\beta}_2 X_i)^2$ 达到最小。

把上式的残差平方和看成为自变量为 $\hat{\beta}_1$ 和 $\hat{\beta}_2$ 的二元函数，在偏导数都等于零的条件下，函数取极大值。因此，残差平方和函数分别对 $\hat{\beta}_1$ 和 $\hat{\beta}_2$ 取偏导数并令其等于零，则得到：

$$\frac{\partial(\sum e_i^2)}{\partial \hat{\beta}_1} = -2\sum (Y_i - \hat{\beta}_1 - \hat{\beta}_2 X_i) = 0$$

$$\frac{\partial(\sum e_i^2)}{\partial \hat{\beta}_2} = -2\sum (Y_i - \hat{\beta}_1 - \hat{\beta}_2 X_i)X_i = 0$$

即得到：（1）$\sum e_i = 0$；（2）$\sum (e_i X_i) = 0$。（3）的证明可以直接利用（1）和（2）的结果：

$$\sum \hat{y}_i e_i = \sum (\hat{\beta}_2 x_i) e_i = \hat{\beta}_2 \sum (X_i - \bar{X}) e_i = \hat{\beta}_2 (\sum X_i e_i - \bar{X} \sum e_i) = 0$$

或

$$\sum \hat{y}_i e_i = \sum (\hat{Y}_i - \bar{Y}) e_i = \sum (\hat{\beta}_1 + \hat{\beta}_2 X_i - \bar{Y}) e_i = \hat{\beta}_1 \sum e_i + \hat{\beta}_2 \sum X_i e_i - \bar{Y} \sum e_i = 0$$

或根据教材 P.32 的证明：

$$\begin{aligned}\sum (e_i \hat{y}_i) &= \sum [(y_i - \hat{\beta}_2 x_i)(\hat{\beta}_2 x_i)] \\ &= \hat{\beta}_2 \sum (x_i y_i - \hat{\beta}_2 x_i^2) \\ &= \hat{\beta}_2 (\sum x_i y_i - \hat{\beta}_2 \sum x_i^2) \\ &= 0\end{aligned}$$

2.6 表 2.12 给出 1995—2011 年中国居民消费价格指数 CPI 与工业生产者出厂价格指数 PPI 的数据。

表 2.12 1995—2011 年中国居民消费价格指数 CPI 与工业生产者出厂价格指数 PPI

年度	居民消费价格指数 CPI	工业生产者出厂价格指数 PPI
1995	117.1	114.9
1996	108.3	102.9
1997	102.8	99.7
1998	99.2	95.9
1999	98.6	97.6
2000	100.4	102.8
2001	100.7	98.7
2002	99.2	97.8
2003	101.2	102.3
2004	103.9	106.1
2005	101.8	104.9
2006	101.5	103.0
2007	104.8	103.1
2008	105.9	106.9
2009	99.3	94.6
2010	103.3	105.5
2011	105.4	106.0

资料来源：中国统计年鉴. 2012. http://www.stats.gov.cn/tjsj/ndsj/2012/indexch.htm.

要求：（1）请利用 EViews 软件做出散点图，直观上 CPI 与 PPI 是否存在线性关系？

（2）分别建立 CPI 对 PPI 和 PPI 对 CPI 的简单线性回归模型。根据回归结果，能否指出哪个模型更好？其斜率系数的经济意义是什么？

解：（1）利用 EViews 软件做出散点图。

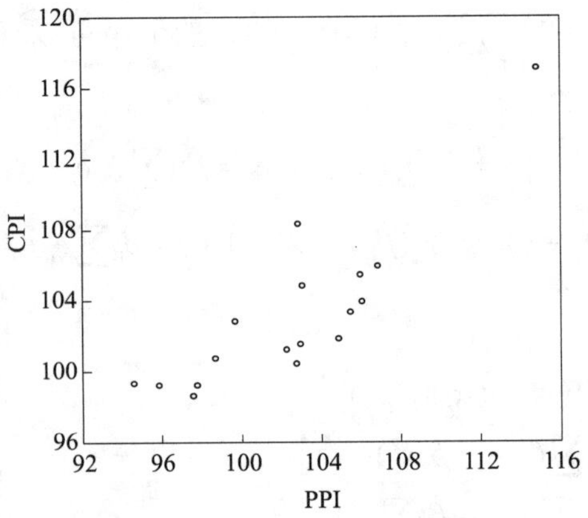

图 2.12.1 表 2.12 散点图

从散点图上看，CPI 与 PPI 之间存在一定的线性相关关系。

（2）得到 CPI 对 PPI 的回归结果：

$$C\hat{P}I_i = 23.34345 + 0.778425PPI_i$$

表 2.12.1 **表 2.12 CPI 对 PPI 的回归结果**

Dependent Variable: CPI
Method: Least Squares
Date: 02/11/13 Time: 00:57
Sample: 1995 2011
Included observations: 17

Variable	Coefficient	Std. Error	t-Statistic	Prob.
C	23.34345	12.79212	1.824831	0.0880
PPI	0.778425	0.124651	6.244816	0.0000
R-squared	0.722211	Mean dependent var		103.1412
Adjusted R-squared	0.703691	S.D. dependent var		4.512629
S.E. of regression	2.456416	Akaike info criterion		4.745415
Sum squared resid	90.50968	Schwarz criterion		4.84344
Log likelihood	−38.33602	Hannan-Quinn criter.		4.755159
F-statistic	38.99773	Durbin-Watson stat		0.907518
Prob(F-statistic)	0.000016			

PPI 对 CPI 的回归结果：

$$P\hat{P}I_i = 6.819003 + 0.927784CPI_i$$

表 2.12.2 **表 2.12 PPI 对 CIP 的回归结果**

Dependent Variable: PPI
Method: Least Squares
Date: 02/11/13 Time: 00:57
Sample: 1995 2011
Included observations: 17

Variable	Coefficient	Std. Error	t-Statistic	Prob.
C	6.819003	15.33735	0.444601	0.6630
CPI	0.927784	0.148569	6.244816	0.0000
R-squared	0.722211	Mean dependent var		102.5118
Adjusted R-squared	0.703691	S.D. dependent var		4.926571
S.E. of regression	2.681742	Akaike info criterion		4.920941
Sum squared resid	107.8761	Schwarz criterion		5.018966
Log likelihood	−39.828	Hannan-Quinn criter.		4.930685
F-statistic	38.99773	Durbin-Watson stat		1.629583
Prob(F-statistic)	0.000016			

一般情况下，把 CPI 作为被解释变量，PPI 作为解释变量比较合理。因此，我们选择第一个回归方程。而斜率系数的经济意义是：PPI 比上年每增加一个百分点，平均来说，会引起 CPI 比上年增加 0.7784 个百分点。

2.7 设家庭每月消费支出为被解释变量 Y，每月可支配收入为解释变量 X。现有某社区 **10** 个家庭每月消费与收入的有关数据如下（单位：元）：

$$\sum(X_i-\bar{X})^2=52800000，\quad \bar{X}=6800，\quad \sum(Y_i-\bar{Y})^2=19220640，\quad \bar{Y}=4604，$$

$$\sum(X_i-\bar{X})(Y_i-\bar{Y})=30416000。$$

（1）用 OLS 方法求简单线性回归方程，并解释斜率系数的经济意义；

（2）求回归标准差和判定系数；

（3）对模型进行显著性水平为 5%的显著性检验；

（4）假定家庭月可支配收入为 20000 元，预测家庭月消费支出，并给出置信度为 95%的消费支出的置信区间。

解：设每月家庭消费支出为被解释变量 Y，每月可支配收入为解释变量 X，所建立的简单线性模型为：

$$Y_i=\beta_1+\beta_2X+u_i$$

（1）根据 OLS 方法得，

$$\hat{\beta}_2=\frac{\sum(X_i-\bar{X})(Y_i-\bar{Y})}{\sum(X_i-\bar{X})^2}=\frac{30416000}{52800000}=0.57606$$

$$\hat{\beta}_1=\bar{Y}-\hat{\beta}_2\bar{X}=4604-0.57606\times6800=686.792$$

所以，样本回归方程为：

$$\hat{Y}_i=686.792+0.57606X_i$$

说明每月家庭可支配收入增加 1 元会引起每月家庭消费支出增加 0.5761 元。

（2） 样本容量 $n=10$，$n-2=8$

$$\sum e_i^2=\sum y_i^2-\frac{(\sum x_iy_i)^2}{\sum x_i^2}=19220640-\frac{30416000^2}{52800000}=1699181$$

$$（或\sum e_i^2=\sum y_i^2-\beta_2\sum x_iy_i=19220640-0.57606\times30416000=16992$$

$$或\sum e_i^2=\sum y_i^2-\beta_2^2\sum x_i^2=19220640-0.57606^2\times52800000=1699219）$$

$$\hat{\sigma}^2=\frac{\sum e_i^2}{n-2}=\frac{1699181}{8}=212397.6$$

$$\hat{\sigma}=460.8661$$

$$R^2=1-\frac{\sum e_i^2}{\sum y_i^2}=1-\frac{1699181}{19220640}=0.9116$$

（3）原假设 H_0：$\beta_2=0$；备择假设 H_1：$\beta_2\neq0$。自由度 $df=n-2=8$，在给定显著性水平 $\alpha=0.05$ 的条件下，查 t 分布表，得临界值 $t_{0.025}(8)=2.306$。

$$\hat{SE}(\hat{\beta}_2)=\frac{\hat{\sigma}}{\sqrt{\sum x_i^2}}=\frac{460.8661}{\sqrt{52800000}}=0.063425$$

$$t=\frac{\hat{\beta}_2}{\hat{SE}(\hat{\beta}_2)}=\frac{0.57606}{0.063425}=9.083>t_{0.025}(8)=2.306$$

即在显著性水平为5%的条件下，拒绝原假设 H_0：$\beta_2=0$，不拒绝备择假设 H_1：$\beta_2\neq0$。即模型检验显著，说明解释变量家庭可支配收入对被解释变量家庭消费支出有显著影响。

（4）假设家庭可支配收入 $X_0=20000$ 元，家庭消费支出均值预测值为：

$$\hat{Y}_0=686.7879+0.576061\times20000=12208\ （元）$$

在给定显著性水平5%的条件下，均值 $E(Y|X_0)$ 的置信区间为：

$$\hat{Y}_0\pm t_{\alpha/2}\cdot\hat{\sigma}\sqrt{\frac{1}{n}+\frac{(X_0-\bar{X})^2}{\sum x_i^2}}=12208\pm2.306\times460.8661\sqrt{\frac{1}{10}+\frac{(20000-6800)^2}{52800000}}$$

$$=12208\pm1959.628$$

即[10248.37，14167.63]。

同样，可计算出个别值 Y_0 的置信区间为：

$$\hat{Y}_0\pm t_{\alpha/2}\cdot\hat{\sigma}\sqrt{1+\frac{1}{n}+\frac{(X_0-\bar{X})^2}{\sum x_i^2}}$$

$$=12208\pm2.306\times460.8661\sqrt{1+\frac{1}{10}+\frac{(20000-6800)^2}{52800000}}$$

$$=12208\pm2229.258$$

即 [9978.74，14437.26]。

2.8 表2.13给出1990—2011年中国货币供应量和国民总收入的数据。

表2.13　　1990—2011年中国货币供应量和国民总收入　　单位：亿元

年度	*M2*	*M1*	*M0*	国民总收入GNP
1990	15293.4	6950.7	2644.4	18718.3
1991	19349.9	8633.3	3177.8	21826.2
1992	25402.2	11731.5	4336.0	26937.3
1993	34879.8	16280.4	5864.7	35260.0
1994	46923.5	20540.7	7288.6	48108.5
1995	60750.5	23987.1	7885.3	59810.5
1996	76094.9	28514.8	8802.0	70142.5
1997	90995.3	34826.3	10177.6	78060.9
1998	104498.5	38953.7	11204.2	83024.3

续表

年度	$M2$	$M1$	$M0$	国民总收入 GNP
1999	119897.9	45837.3	13455.5	88479.2
2000	134610.3	53147.2	14652.7	98000.5
2001	158301.9	59871.6	15688.8	108068.2
2002	185007.0	70881.8	17278.0	119095.7
2003	221222.8	84118.6	19745.9	134977.0
2004	254107.0	95969.7	21467.3	159453.6
2005	298755.7	107278.8	24031.7	183617.4
2006	345603.6	126035.1	27072.6	215904.4
2007	403442.2	152560.1	30375.2	266422.0
2008	475166.6	166217.1	34219.0	316030.3
2009	606225.0	220001.5	38246.0	340320.0
2010	725851.8	266621.5	44628.2	399759.5
2011	851590.9	289847.7	50748.5	472115.0

资料来源：中国统计年鉴. 2012. http://www.stats.gov.cn/tjsj/ndsj/2012/indexch.htm.

要求：

（1）请利用 EViews 软件分别建立国民总收入 GNP 对货币供应 $M2$、$M1$ 和 $M0$ 的回归模型；

（2）给定显著性水平 5%的条件下，对模型进行检验，并说明斜率系数的经济意义是什么？

（3）分析哪个模型能更好地解释国民总收入？

解：（1）利用 EView 软件分别建立 GNP 对货币供应量 $M2$、$M1$ 和 $M0$ 的回归方程为：

$$G\hat{N}P_t = 22732.10 + 0.541310M2_t$$
$$t = (6.0125) \qquad (47.8320)$$
$$R^2 = 0.991334, \qquad n = 22$$
$$G\hat{N}P_t = 16788.62 + 1.542291M1_t$$
$$t = (3.8642) \qquad (42.5905)$$
$$R^2 = 0.989095, \qquad n = 22$$
$$G\hat{N}P_t = -24510.07 + 9.403019M0_t$$
$$t = (-4.5168) \qquad (39.9908)$$
$$R^2 = 0.987649, \qquad n = 22$$

（2）拟合优度：模型的可决系数 R^2 分别为：0.991334、0.989095 和 0.987649，说明国民总收入 GNP 对货币供应量 $M2$、$M1$ 和 $M0$ 分别建立的三个样本回归模型的拟合效果都很好。

模型的 t 检验：

原假设 H_0：$\beta_2=0$；

备择假设 H_1：$\beta_2 \neq 0$。

给定显著性水平 5%的条件下，样本容量 $n=22$，自由度 $df=22-2=20$，查 t 分布表，得临界值为：$t_{0.025}(20)=2.086$。从上述回归方程的结果看，每个模型的参数估计的 t 值的绝对值，特别是斜率系数的 t 值分别为：47.8320、42.5905 和 39.9908，都远远大于临界值 $t_{0.025}(20)=2.086$，从而，拒绝原假设 H_0：$\beta_2=0$，不拒绝备择假设 H_1：$\beta_2 \neq 0$。这说明每个模型在统计上都是显著的，即模型的 t 检验是显著的，也就是说，货币供应量 $M2$、$M1$ 和 $M0$ 分别对国民总收入都有显著影响。斜率系数的经济意义是：货币供应量每增加 1 亿元，平均来说，会引起国民总收入增加的数量。

（3）很难说哪个模型会更好。但是，货币供应量 $M0$ 对国民总收入影响最大，其斜率系数样本估计值为 9.403019，而国民总收入对货币供应量 $M2$ 建立的模型的样本拟合效果最好，$R^2=0.991334$。

2.9 表 2.14 给出 1990—2011 年中国财政收入与国内生产总值的数据。

（1）请利用 EViews 软件建立财政收入 Y 对生产总值 X 的简单线性回归模型；

（2）给定显著水平为 5%的条件下，对模型进行检验，并解释斜率系数的经济意义；

（3）给定显著水平为 5%的条件下，假设 2012 年国内生产总值为 520000 亿元，求 2012 年财政收入的点预测和区间预测。

表 2.14　　1990—2011 年中国财政收入与国内生产总值　　单位：亿元

年份	国内生产总值 X	财政收入 Y
1990	18667.8	2937.1
1991	21781.5	3149.5
1992	26923.5	3483.4
1993	35333.9	4349.0
1994	48197.9	5218.1
1995	60793.7	6242.2
1996	71176.6	7408.0
1997	78973.0	8651.1
1998	84402.3	9876.0
1999	89677.1	11444.1
2000	99214.6	13395.2
2001	109655.2	16386.0
2002	120332.7	18903.6
2003	135822.8	21715.3
2004	159878.3	26396.5

续表

年份	国内生产总值 X	财政收入 Y
2005	184937.4	31649.3
2006	216314.4	38760.2
2007	265810.3	51321.8
2008	314045.4	61330.4
2009	340902.8	68518.3
2010	401512.8	83101.5
2011	472881.6	103874.4

资料来源：中国统计年鉴. 2012. http://www.stats.gov.cn/tjsj/ndsj/2012/indexch.htm.

解：设国内生产总值为 X 亿元，财政收入为 Y 亿元。

简单线性回归模型为：$Y_t = \beta_1 + \beta_2 X_t + u_t$

（1）利用 EViews 的回归结果：

表 2.14.1　　　　表 2.14　回归结果

Dependent Variable: Y
Method: Least Squares
Date: 02/11/13　　Time: 05:58
Sample: 1990 2011
Included observations: 22

Variable	Coefficient	Std. Error	t-Statistic	Prob.
C	−6529.131	957.5996	−6.818226	0.0000
X	0.220941	0.004824	45.80159	0.0000
R-squared	0.990556	Mean dependent var		27186.9
Adjusted R-squared	0.990084	S.D. dependent var		28848.3
S.E. of regression	2872.693	Akaike info criterion		18.8504
Sum squared resid	1.65E+08	Schwarz criterion		18.9496
Log likelihood	−205.3543	Hannan-Quinn criter.		18.8738
F-statistic	2097.786	Durbin-Watson stat		0.2606
Prob(F-statistic)	0.00000			

回归模型为：$Y_t = -6529.131 + 0.220941 X_t$

（2）模型 t 检验：原假设 $H_0: \beta_2 = 0$；备择假设 $H_1: \beta_2 \neq 0$。样本容量 $n = 22$，自由度 $df = 22 - 2 = 20$，在给定显著性水平 $\alpha = 0.05$ 的条件下，查 t 分布表，得临界值为：$t_{0.025}(20) = 2.086$。

而由回归分析结果得：参数的估计值 $\hat{\beta}_1$ 和 $\hat{\beta}_2$ 的 t 值分别为：$t_1 = -6.818226$，$t_2 = 45.801\ 59$，其绝对值皆大于临界值 $t_{0.025}(20) = 2.086$。说明参数估计值的 t 检验显著，特别是 $t_2 = 45.801\ 59 > t_{0.025}(20) = 2.086$，即在显著性水平 $\alpha = 0.05$ 的条件下，拒绝原假设 H_0：$\beta_2 = 0$，不拒绝备择假设 H_1：$\beta_2 \neq 0$。说明模型 t 检验显著，也就是说，解释变

量国内生产总值 X 对财政收入 Y 有显著影响。解释斜率系数的经济意义：国内生产总值每年增加 1 亿元，平均来说，财政收入增加 0.22 亿元。

（3）由回归分析得到如下统计数据：

表 2.14.2　　表 2.14 的统计数据

	X	Y
Mean	152601.6	27186.86
Median	104434.9	14890.6
Maximum	472881.6	103874.4
Minimum	18667.8	2937.1
Std. Dev.	129952.1	28848.32
Skewness	1.087764	1.321482
Kurtosis	3.121704	3.685384
Jarque-Bera	4.352086	6.833758
Probability	0.11349	0.032815
Sum	3357236	598111
Sum Sq. Dev.	3.55E+11	1.75E+10
Observations	22	22

假设 $X_0 = 520000$ 亿元，2012 年财政收入的点预测为：

$$\hat{Y}_0 = -6529.131 + 0.220941 \times 520000 = 108360.2 \text{（亿元）}$$

在给定显著性水平在 5%的条件下，均值预测区间为：

$$\hat{Y}_0 \pm t_{0.025}(20) \cdot \sigma\sqrt{\frac{1}{n} + \frac{(X_0 - \bar{X})^2}{\sum x_i^2}}$$

$$= \hat{Y}_0 \pm t_{0.025}(20) \cdot \sigma\sqrt{\frac{1}{n} + \frac{(X_0 - \bar{X})^2}{(n-1)\sigma_X}}$$

$$= 108360.2 \pm 2.086 \times 2872.693\sqrt{\frac{1}{22} + \frac{(520000 - 152601.6)^2}{(22-1) \times 129952.1^2}}$$

$$= 108360.2 \pm 3911.51$$

即[104448.7, 112271.7]。

同样可得，在给定显著水平 5%的条件下，个别值的预测区间为：

$$\hat{Y}_0 \pm t_{0.025}(20) \cdot \sigma\sqrt{\frac{1}{n} + \frac{(X_0 - \bar{X})^2}{(n-1)\sigma_X}}$$

$$= 108360.2 \pm 2.086 \times 2872.693\sqrt{1 + \frac{1}{22} + \frac{(520000 - 152601.6)^2}{(22-1) \times 129952.1^2}}$$

$$= 108360.2 \pm 7156.06$$

即[101204.1, 115516.3]。

2.10 表 2.15 给出 2009 年各国国际旅游收入与入境旅游人数数据。要求：

（1）请建立国际旅游收入对入境旅游人数的简单线性模型，并利用 EViews 求样本回归模型。

（2）对模型进行 t 检验，并分析回归结果。

（3）表 2.15 中数据显示美国入境旅游人数为 5488 万人，而国际旅游收入为 1476 亿美元，与其他数据相比有什么差别？会对模型有影响吗？

（4）除了入境旅游人数外，其他因素是否也会对国际旅游收入有影响？比如，交通便利情况、服务质量以及当地经济发展情况等，如何更好地建立回归模型呢？

表 2.15　　2009 年各国国际旅游收入与入境旅游人数数据

国家与地区	Country or Area	入境旅游人数（万人）	国际旅游收入（亿美元）
中国内地	P.R. China	5088	426
中国香港	Hong Kong, China	1693	209
中国澳门	Macao, China	1040	179
孟加拉国	Bangladesh	27	1
文莱	Brunei Darussalam	16	3
柬埔寨	Cambodia	205	13
印度	India	511	115
印度尼西亚	Indonesia	632	68
以色列	Israel	232	43
日本	Japan	679	125
哈萨克斯坦	Kazakhstan	312	12
韩国	Korea, Rep.	782	129
老挝	Laos	124	3
马来西亚	Malaysia	2365	172
蒙古	Mongolia	41	3
菲律宾	Philippines	302	28
新加坡	Singapore	749	92
斯里兰卡	Sri Lanka	45	8
泰国	Thailand	1415	194
越南	Viet Nam	375	31
埃及	Egypt	1191	118
南非	South Africa	993	87
加拿大	Canada	1574	156
墨西哥	Mexico	2145	123
美国	United States	5488	1476
阿根廷	Argentina	433	45
巴西	Brazil	480	56
委内瑞拉	Venezuela	62	9
捷克	Czech Rep.	603	74
法国	France	7680	585
德国	Germany	2422	475
意大利	Italy	4324	419

续表

国家与地区	Country or Area	入境旅游人数（万人）	国际旅游收入（亿美元）
荷兰	**Netherlands**	**992**	**179**
波兰	**Poland**	**1189**	**99**
西班牙	**Spain**	**5223**	**586**
土耳其	**Turkey**	**2551**	**246**
乌克兰	**Ukraine**	**2080**	**43**
英国	**United Kingdom**	**2820**	**385**
澳大利亚	**Australia**	**558**	**279**
新西兰	**New Zealand**	**242**	**44**

资料来源：世界银行 WDI 数据库. http://www.stats.gov.cn/tjsj/qtsj/gjsj/2011/t20120712_402817747.htm.

解：（1）设国际旅收入为 Y 亿美元，入境旅游人数为 X 万人。则简单线性回归模型为：

$$Y_i = \beta_1 + \beta_2 X_i + u_i$$

利用 EViews 得，

表 2.15.1 **表 2.15 回归结果**

Dependent Variable: Y
Method: Least Squares
Date: 02/10/13 Time: 03:46
Sample: 140
Included observations: 40

Variable	Coefficient	Std. Error	t-Statistic	Prob.
C	8.306887	33.68045	0.246638	0.8065
X	0.117382	0.014598	8.041168	0.0000
R-squared	0.629847	Mean dependent var		183.450
Adjusted R-squared	0.620107	S.D. dependent var		263.610
S.E. of regression	162.477	Akaike info criterion		13.0677
Sum squared resid	1003153	Schwarz criterion		13.1521
Log likelihood	–259.3531	Hannan-Quinn criter.		13.0982
F-statistic	64.66038	Durbin-Watson stat		2.33194
Prob(F-statistic)	0.00000			

所以样本回归模型为：

$$\hat{Y}_i = 8.306887 + 0.117382 X_i$$

（2）给定显著性水平 5%，样本容量 $n = 40$，自由度 $df = 40 - 2 = 38$，查 t 分布表，得临界值为：$t_{0.025}(38) = 2.024$，根据回归分析结果，斜率系数的估计值 $\hat{\beta}_2$ 的 t 值为 8.041168，显然，大于临界值 $t_{0.025}(38) = 2.024$，从而，拒绝原假设 H_0：$\beta_2 = 0$，不拒绝备择假设 H_1：$\beta_2 \neq 0$。即模型 t 检验显著，也就是说，解释变量入境旅游人数 X 对国际

旅游收入 Y 有显著影响。但是，$R^2=0.629847$，说明模型拟合效果一般。另外，截距系数的估计值 $\hat{\beta}_1$ 的 P 值为 0.8065，说明截距系数 t 检验不显著，但这并不影响模型的使用，因为截距系数不影响经济含义。

（3）表 2.15 中数据显示美国入境旅游人数为 5488 万人，而国际旅游收入为 1476 亿美元，与其他数据相比差距很大，会对模型有影响。见下面的散点图。

（4）除了入境旅游人数外，其他因素也会对国际旅游收入有影响，比如，交通便利情况、服务质量、汇率变动，以及当地经济发展情况等，因此，为了更准确地建立国际旅游收入模型，应该建立多元回归模型。

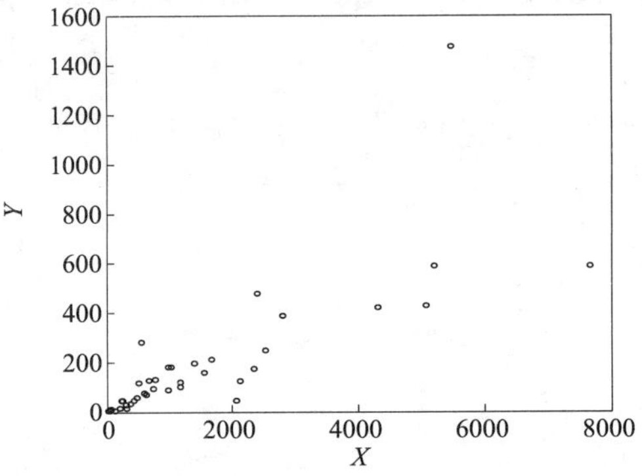

图 2.15.1　表 2.15 散点图

附加题 2.1　简述 OLS 回归线的纯数值性质。

答：参见教材 P.32—P.33。

（1）回归线穿过 Y 和 X 的样本均值点（$\bar{X}$，$\bar{Y}$）。

（2）估计值 $\hat{Y}_i$ 的均值等于实际值 Y_i 的均值。

（3）残差 e_i 的均值为零，即 $\bar{e}=\frac{1}{n}\sum e_i=0$。

（4）残差 e_i 与估计值 $\hat{Y}_i$ 不相关，即 $Cov(e_i,\hat{Y}_i)=0$。

（5）残差 e_i 与解释变量 X_i 不相关，即 $Cov(e_i,X_i)=0$。

附加题 2.2　简述高斯-马尔科夫定理。

答：参见教材 P.41。在给定经典线性回归模型的假定下，最小二乘估计量在所有线性无偏估计量中具有最小方差，即它们是最佳线性无偏估计量 BLUE。也就是说，满足经典假定的 OLS 估计量具有线性性、无偏性和有效性。

附加题 2.3　考虑如下线性回归模型：

模型 I：$\boldsymbol{Y_i=\beta_1+\beta_2X_i+u_i}$

模型 II： $\boldsymbol{Y_i = \alpha_1 + \alpha_2 x_i + u_i}$ **，其中** $\boldsymbol{x_i = X_i - \bar{X}}$

（1）求 $\boldsymbol{\beta_1}$ **和** $\boldsymbol{\alpha_1}$ **的估计量。它们是否相同？它们的方差是否相同？**

（2）求 $\boldsymbol{\beta_2}$ **和** $\boldsymbol{\alpha_2}$ **的估计量。它们是否相同？它们的方差是否相同？**

解：（1）$\hat{\beta}_1 = \bar{Y} - \hat{\beta}_2 \bar{X}$，$\sum x_i = 0$，所以，$\bar{x} = 0$，$\hat{\alpha}_1 = \bar{Y} - \hat{\alpha}_2 \bar{x} = \bar{Y}$。

$Var(\hat{\beta}_1) = \dfrac{\sum X_i^2}{n\sum x_i^2}\sigma^2$，$Var(\hat{\alpha}_1) = \dfrac{\sum x_i^2}{n\sum x_i^2}\sigma^2 = \dfrac{\sigma^2}{n}$。所以，截距系数 β_1 和 α_1 的估计量和估计量的方差都不相同。

（2）$\hat{\beta}_2 = \dfrac{\sum x_i y_i}{\sum x_i^2}$，$x_i$ 的离差为其本身，从而 $\hat{\alpha}_2 = \dfrac{\sum x_i y_i}{\sum x_i^2}$，即 $\hat{\beta}_2 = \hat{\alpha}_2$。

$Var(\hat{\beta}_2) = Var(\hat{\alpha}_2) = \dfrac{\sigma^2}{\sum x_i^2}$，所以，斜率系数 β_2 和 α_2 的估计量和估计量的方差都相同。

附加题 2.4　考虑如下线性回归模型：

模型 I： $\boldsymbol{Y_i = \beta_1 + \beta_2 X_i + u_i}$

模型 II： $\boldsymbol{y_i = \alpha_1 + \alpha_2 x_i + u_i}$ **，其中** $\boldsymbol{x_i = X_i - \bar{X}}$ **，** $\boldsymbol{y_i = Y_i - \bar{Y}}$

（1）求 $\boldsymbol{\beta_1}$ **和** $\boldsymbol{\alpha_1}$ **的估计量。它们是否相同？它们的方差是否相同？**

（2）求 $\boldsymbol{\beta_2}$ **和** $\boldsymbol{\alpha_2}$ **的估计量。它们是否相同？它们的方差是否相同？**

解：（1）$\hat{\beta}_1 = \bar{Y} - \hat{\beta}_2 \bar{X}$，$\sum x_i = 0$，$\sum y_i = 0$，所以，$\bar{x} = 0$，$\bar{y} = 0$，$\hat{\alpha}_1 = \bar{y} - \hat{\alpha}_2 \bar{x} = 0$。

$Var(\hat{\beta}_1) = \dfrac{\sum X_i^2}{n\sum x_i^2}\sigma^2$。所以，截距系数 α_1 的估计量为零，即解释变量和被解释变量的离差形式的回归线经过原点。

（2）$\hat{\beta}_2 = \dfrac{\sum x_i y_i}{\sum x_i^2}$，$x_i$ 和 y_i 的离差为其本身，即变量离差的离差为其离差本身。从而 $\hat{\alpha}_2 = \dfrac{\sum x_i y_i}{\sum x_i^2}$，即 $\hat{\beta}_2 = \hat{\alpha}_2$。$Var(\hat{\beta}_2) = Var(\hat{\alpha}_2) = \dfrac{\sigma^2}{\sum x_i^2}$，所以，斜率系数 β_2 和 α_2 的估计量和估计量的方差都相同。

附加题 2.5　设简单线性回归模型为： $\boldsymbol{Y_i = \beta_1 + \beta_2 X_i + u_i}$ **，OLS 估计量** $\boldsymbol{\hat{\beta}_2}$ **可表达为** $\boldsymbol{Y_i}$ **的线性组合的形式：** $\boldsymbol{\hat{\beta}_2 = \sum k_i Y_i}$ **，其中** $\boldsymbol{k_i = \dfrac{x_i}{\sum x_i^2}}$ **，且满足** $\boldsymbol{Cov(Y_i, Y_j) = 0}$ **，** $\boldsymbol{Var(Y_i) = \sigma^2}$ **。**

证明： $\boldsymbol{Var(\hat{\beta}_2) = \dfrac{\sigma^2}{\sum x_i^2}}$

证明：

$$\begin{aligned}Var(\hat{\beta}_2) &= Var(\sum k_i Y_i) \\ &= \sum k_i^2 Var(Y_i) \\ &= \sigma^2 \sum k_i^2 \\ &= \sigma^2 \sum \left(\frac{x_i}{\sum x_i^2}\right)^2 \\ &= \frac{\sigma^2}{\sum x_i^2}\end{aligned}$$

附加题 2.6 设简单线性回归模型为 $Y_i = \hat{\beta}_1 + \hat{\beta}_2 X_i + e_i$，在 OLS 条件下，估计量 $\hat{\beta}_1$ 具有线性性，即 $\hat{\beta}_1 = \sum w_i Y_i$，其中 $\sum w_i = 1$，$\sum w_i X_i = 0$。证明：当 $E(u_i) = 0$ 时，$\hat{\beta}_1$ 是无偏估计量。

证明：参见教材 P.42。

由 $\sum w_i = 1$，$\sum w_i X_i = 0$ 得，

$$\begin{aligned}\hat{\beta}_1 &= \sum w_i Y_i \\ &= \sum w_i(\beta_1 + \beta_2 X_i + u_i) \\ &= \beta_1 \sum w_i + \beta_2 \sum w_i X_i + \sum w_i u_i \\ &= \beta_1 + \sum w_i u_i\end{aligned}$$

从而

$$E(\hat{\beta}_1) = E(\sum w_i Y_i) = E(\beta_1) + \sum E(w_i u_i) = \beta_1 + \sum w_i E(u_i)$$

由经典假定 $E(u_i) = 0$，所以

$$E(\hat{\beta}_1) = \beta_1$$

附加题 2.7 设家庭每月消费支出为被解释变量 Y，每月可支配收入为解释变量 X。现有某社区 10 个家庭每月消费与收入的有关数据如下（单位：元）：

$$\sum(X_i - \bar{X})^2 = 33160，\quad \bar{X} = 168，\quad \sum(Y_i - \bar{Y})^2 = 10090，\quad \bar{Y} = 111$$

$$\sum(X_i - \bar{X})(Y_i - \bar{Y}) = 17720$$

要求：（1）用 OLS 方法求样本回归方程；

（2）求回归标准差和判定系数；

（3）对模型进行显著性水平为 5%的显著性检验（$t_{0.025}(8) = 2.306$）；

（4）假定家庭月可支配收入为 20000 元，预测家庭月消费支出。

解：设每月家庭消费支出为被解释变量 Y，每月可支配收入为解释变量 X，所建

立的简单线性模型为：

$$Y_i = \beta_1 + \beta_2 X_i + u_i$$

（1）根据 OLS 方法得，

$$\hat{\beta}_2 = \frac{\sum (X_i - \bar{X})(Y_i - \bar{Y})}{\sum (X_i - \bar{X})^2} = \frac{17720}{33160} = 0.5344$$

$$\hat{\beta}_1 = \bar{Y} - \hat{\beta}_2 \bar{X} = 111 - 0.5344 \times 168 = 21.22$$

所以，样本回归方程为：

$$\hat{Y}_i = 21.22 + 0.5344 X_i$$

说明每月家庭可支配收入增加 1 元，平均来说，会引起每月家庭消费支出增加 0.5344 元。

（2）样本容量 $n = 10$， $n - 2 = 8$

$$\sum e_i^2 = \sum y_i^2 - \frac{(\sum x_i y_i)^2}{\sum x_i^2} = 10090 - \frac{17720^2}{33160} = 620.81$$

$$\hat{\sigma}^2 = \frac{\sum e_i^2}{n-2} = \frac{620.81}{10-2} = 77.6$$

$$\hat{\sigma} = 8.81$$

$$R^2 = 1 - \frac{\sum e_i^2}{\sum y_i^2} = 1 - \frac{620.81}{10090} = 0.9385$$

（3）原假设 H_0：$\beta_2 = 0$；备择假设 H_1：$\beta_2 \neq 0$。自由度 $df = n - 2 = 8$，在给定显著性水平 $\alpha = 0.05$ 的条件下，查 t 分布表，得临界值 $t_{0.025}(8) = 2.306$。

$$S\hat{E}(\hat{\beta}_2) = \frac{\hat{\sigma}}{\sqrt{\sum x_i^2}} = \frac{8.81}{\sqrt{33160}} = 0.0484$$

$$t = \frac{\hat{\beta}_2}{S\hat{E}(\hat{\beta}_2)} = \frac{0.5344}{0.0484} = 11.0413 > t_{0.025}(8) = 2.306$$

即在显著性水平为 5%的条件下，拒绝原假设 H_0：$\beta_2 = 0$，不拒绝备择假设 H_1：$\beta_2 \neq 0$，即模型检验显著，说明家庭可支配收入对家庭消费支出有显著影响。

（4）假设家庭可支配收入 $X_0 = 20000$ 元，家庭消费支出均值预测值为：

$$Y_0 = 21.22 + 0.5344 \times 20000 = 10709.22 \text{（元）}$$

第三章

多元线性回归模型

本章学习目的：掌握多元线性回归模型的矩阵表达方式；掌握多元线性回归模型的模型整体 F 检验以及估计量的 t 检验；熟悉相关可转化为线性回归模型；了解多元线性回归模型的预测以及相关公式的使用。

本章学习重点：能熟练写出多元线性回归模型的矩阵表达式；了解 EViews 软件的使用，并能熟练利用回归结果对模型进行整体 F 检验和 t 检验；掌握经典线性模型关于“线性性”假定的含义，并能熟悉掌握可转化为线性回归模型的类型；熟练掌握多重判定系数以及修正多重判定系数的概念。

多元线性回归模型检验过程：

（1）建立模型：如：$Y_t = \beta_1 + \beta_2 X_{2t} + \beta_3 X_{3t} + u_t$。

（2）给定显著性水平 5%的条件下，对模型进行检验，并分析模型的经济意义。

拟合优度：R^2，$\bar{R}^2$ 检验。

F 检验：原假设 $H_0\text{:}\ \beta_2 = \beta_3 = 0$；备择假设 $H_1\text{:}\ \beta_2$ 和 β_3 不全为零。求得样本容量 n 和参数个数 $k = 3$，在给定显著水平 $\alpha = 0.05$ 条件下，查 F 分布表得临界值 $F_{0.05}(k-1, n-k)$。

若 $F > F_{0.05}(k-1, n-k)$，则拒绝原假设 $H_0\text{:}\ \beta_2 = \beta_3 = 0$，不拒绝备择假设 $H_1\text{:}\ \beta_2$ 和 β_3 不全为零，即模型整体检验显著，也就是说，解释变量 X_2 和 X_3 联合起来对被解释变量 Y 有显著影响。

否则，若 $F \leqslant F_{0.05}(k-1, n-k)$，则不拒绝原假设 $H_0\text{:}\ \beta_2 = \beta_3 = 0$，即模型整体检验不显著，也就是说，解释变量 X_2 和 X_3 联合起来对被解释变量 Y 没有显著影响。

t 检验：原假设 $H_0\text{:}\ \beta_j = 0$；备择假设 $H_1\text{:}\ \beta_j \neq 0$，其中 $j = 1,2,3$。在给定显著水平 $\alpha = 0.05$ 的条件下，查 t 分布表得临界值 $t_{0.025}(n-k)$。

计算 $t=\dfrac{\hat{\beta}_j}{\widehat{SE}(\hat{\beta}_j)}$

若 $|t|>t_{0.025}(n-k)$，则拒绝原假设 H_0: $\beta_j=0$，不拒绝备择假设 H_1: $\beta_j\neq 0$。在 $j=2,3,\cdots,k$ 情况下，说明在其他解释变量不变的情况下，解释变量 X_j 对被解释变量 Y 有显著影响。如果有两个以上偏斜率系数的估计量 $\hat{\beta}_j$ 的 t 检验都显著，也可以说成，在其他解释变量不变的情况下，解释变量 X_2 和 X_3 分别对被解释变量 Y 有显著影响。在 $j=1$ 情况下，即截距系数的估计量 $\hat{\beta}_1$ 的 t 检验显著。

否则，若 $|t|\leqslant t_{0.025}(n-k)$，则不拒绝原假设 H_0: $\beta_j=0$。在 $j=2,3,\cdots,k$ 情况下，说明在其他解释变量不变的情况下，解释变量 X_j 对被解释变量 Y 没有显著影响。在 $j=1$ 情况下，即截距系数的估计量 $\hat{\beta}_1$ 的 t 检验不显著。

P 值检验：若 P 值 $<\alpha=0.05$，说明模型检验显著（每个参数估计值都对应一个 P 值，此项检验可以省略），否则，若 P 值 $>\alpha=0.05$，说明模型检验不显著。

经济意义或结构分析：在其他解释变量不变的情况下，平均来说，解释变量 X_j 每增加一个单位会对被解释变量 Y 引起 $\hat{\beta}_j(j=2,3,\cdots,k)$ 的变动（对具体例题换成具体的经济变量来解释，对于多元回归模型，要对每个解释变量逐一解释）。

3.1　写出二元线性回归模型表达式：

（1）总体回归函数的表达式；

（2）总体回归函数的随机设定形式；

（3）样本回归函数的表达式；

（4）样本回归函数的随机设定形式；

（5）回归模型的矩阵表达式。

答：（1）总体回归函数表达式为：$E(Y_i|X_i)=\beta_1+\beta_2X_{2i}+\beta_3X_{3i}$

上述为个别值的表达形式，也可以写成抽象形式：$E(Y|X)=\beta_1+\beta_2X_2+\beta_3X_3$

（2）总体回归函数随机设定形式为：$Y_i=\beta_1+\beta_2X_{2i}+\beta_3X_{3i}+u_i$

同样，也可以写成抽象的形式：$Y=\beta_1+\beta_2X+\beta_3X+u$

（3）样本回归函数的表达式为：$\hat{Y}_i=\hat{\beta}_1+\hat{\beta}_2X_{2i}+\hat{\beta}_3X_{3i}$

（4）样本回归函数随机设定形式为：$Y_i=\hat{\beta}_1+\hat{\beta}_2X_i+\hat{\beta}_3X_{3i}+e_i$

对于一般多元线性回归模型，样本回归函数的表达式为：

$$\hat{Y}_i=\hat{\beta}_1+\hat{\beta}_2X_{2i}+\hat{\beta}_3X_{3i}+\cdots+\hat{\beta}_kX_{ki}$$

样本回归函数随机设定形式为：$Y_i = \hat{\beta}_1 + \hat{\beta}_2 X_{2i} + \hat{\beta}_3 X_{3i} + \cdots + \hat{\beta}_k X_{ki} + e_i$

（5）回归模型的矩阵表达式：$Y = X\beta + u$

3.2 对多元线性回归模型进行检验时，为什么在做了 F 检验之后还要做 t 检验呢？

答：F 检验是对各解释变量联合起来对被解释变量影响的显著性检验，是对模型的整体性检验，其效果相等于 R^2 检验，但不能说明具体每个变量的统计显著性问题，因此，需要对每个变量进行 t 检验才能看出其对应参数估计值的统计显著性。

3.3 多元线性回归模型的基本假定与简单线性回归模型的基本假设有什么区别？

答：区别在于多元线性回归模型的经典假定设置了解释变量之间无多重共线性的假定。简单线性回归模型没有此项假定，而实际上，简单线性回归模型只有一个解释变量，因此，根本就不存在多重共线性问题。从这个角度上看，多元线性回归模型的基本假定对所有的线性回归模型都是一样适用的，简单线性回归模型不过是一种特殊情况而已。

3.4 设二元线性回归模型为 $Y_i = \beta_1 + \beta_2 X_{2i} + \beta_3 X_{3i} + u_i$，而 Y 分别对 X_2 和 X_3 的简单线性回归模型为 $Y_i = \alpha_1 + \alpha_2 X_{2i} + u_{1i}$ 和 $Y_i = \lambda_1 + \lambda_3 X_{3i} + u_{2i}$。试证明：当变量 X_2 和 X_3 相互独立时，有 $\hat{\beta}_2 = \hat{\alpha}_2$，$\hat{\beta}_3 = \hat{\lambda}_3$。其中，$\hat{\beta}_2$ 和 $\hat{\beta}_3$ 是二元线性回归模型的偏斜率系数 β_2 和 β_3 的 OLS 估计值，而 $\hat{\alpha}_2$ 和 $\hat{\lambda}_3$ 分别是简单线性回归模型的斜率系数 α_2 和 λ_3 的 OLS 估计值。

证明：由 X_2 和 X_3 相互独立，得 $\sum x_{2i}x_{3i} = 0$

$$\hat{\beta}_3 = \frac{\sum y_i x_{3i} \sum x_{2i}^2 - \sum y_i x_{2i} \sum x_{2i}x_{3i}}{\sum x_{2i}^2 \sum x_{3i}^2 - (\sum x_{2i}x_{3i})^2} = \frac{\sum y_i x_{3i} \sum x_{2i}^2}{\sum x_{2i}^2 \sum x_{3i}^2} = \frac{\sum y_i x_{3i}}{\sum x_{3i}^2} = \hat{\lambda}_3$$

同理

$$\hat{\beta}_2 = \frac{\sum y_i x_{2i} \sum x_{3i}^2 - \sum y_i x_{3i} \sum x_{2i}x_{3i}}{\sum x_{2i}^2 \sum x_{3i}^2 - (\sum x_{2i}x_{3i})^2} = \frac{\sum y_i x_{2i} \sum x_{3i}^2}{\sum x_{2i}^2 \sum x_{3i}^2} = \frac{\sum y_i x_{2i}}{\sum x_{2i}^2} = \hat{\alpha}_2$$

注意：上述 X_2 和 X_3 相互独立的条件可以放宽到不相关，为什么？

3.5 表 3.8 给出了二元线性回归模型 $Y_i = \beta_1 + \beta_2 X_{2i} + \beta_3 X_{3i} + u_i$ 的方差分析的部分结果。

表 3.8 二元线性回归模型的方差分析

方差来源	平方和 SS	自由度 df	方差
来自回归	ESS=65000		
来自残差			
来自总变差	TSS=66000	16	

（1）请问样本容量 n，残差平方和 RSS，回归平方和 ESS 和残差平方和 RSS 的自由度各为多少？

（2）请问可决系数 R^2 和修正可决系数 $\bar{R}^2$ 各为多少？

（3）请对模型进行检验。

解：（1）由 $n-1=16$ 得 $n=17$；$RSS=TSS-ESS=66000-65000=1000$；由 $k=3$ 得残差平方和 RSS 的自由度为 $n-k=14$；回归平方和 ESS 的自由度为 $k-1=2$。

（2）$R^2=\dfrac{ESS}{TSS}=\dfrac{65000}{66000}=0.984848$，$\bar{R}^2=1-\dfrac{n-1}{n-k}(1-R^2)=0.9826835$

（3）$F=\dfrac{ESS/(k-1)}{RSS/(n-k)}=\dfrac{14}{2}\times\dfrac{65000}{1000}=455$

在给定显著性水平 $\alpha=0.05$ 的条件下，查 F 分布表得临界值 $F_{0.05}(2,14)=3.74$，而 $F=455>F_{0.05}(2,14)=3.74$，因此，拒绝原假设 $H_0:\beta_2=\beta_3=0$，不拒绝备择假设 H_1: β_2 和 β_3 不全为零，即模型整体检验显著。也就是说，解释变量 X_2 和 X_3 联合起来对被解释变量 Y 有显著影响。

3.6　各类教材对多元线性回归模型的数学表示方式在符号的使用上会有不一致，比如，常常见到如下的表示方式

$$Y_i=\beta_0+\beta_1X_{1i}+\beta_2X_{2i}+\cdots+X_{ki}+u_i$$

（1）请问 TSS、ESS 和 RSS 的自由度各是多少？

（2）请问 $\hat{\sigma}^2$ 和 F 检验的公式如何表达？

答：（1）TSS、ESS 和 RSS 的自由度分别为 $n-1$，k 和 $n-k-1$（参数的个数为 $k+1$，解释变量的个数为 k）。

（2）$\hat{\sigma}^2=\dfrac{\sum e_i^2}{n-k-1}$，$F=\dfrac{ESS/k}{RSS/(n-k-1)}$

3.7　表 3.9 给出 1998—2011 年中国房地产有关数据。

要求：

（1）请利用 EViews 软件建立商品房销售收入 Y 对每平方米销售价格 X_2 和本年完成投资 X_3 的二元线性回归模型；

（2）给定显著性水平 5%的条件下，对模型进行检验，并分析模型的经济意义。

表 3.9　　　　中国房地产有关数据

年度	商品房销售收入 Y/亿元	销售价格 X_2/每平方米元	本年完成投资 X_3/亿元
1998	2408.41	2063	3614.23
1999	2555.02	2053	4103.20
2000	3896.82	2112	4984.05
2001	4729.42	2170	6344.11
2002	6145.80	2250	7790.92
2003	8153.69	2359	10153.80
2004	11752.20	2778	13158.25
2005	13316.77	3168	15909.25
2006	16621.36	3367	19422.92
2007	21604.21	3864	25288.84
2008	24394.12	3800	31203.19
2009	32507.83	4681	36241.81
2010	40585.33	5032	48259.40
2011	41697.91	5357	61796.89

资料来源：中国统计年鉴. 2012. http://www.stats.gov.cn/tjsj/ndsj/2012/indexch.htm.

解：（1）建立模型为：$Y_t = \beta_1 + \beta_2 X_{2t} + \beta_3 X_{3t} + u_t$

（2）利用 EViews 软件得出回归分析结果如下：

表 3.9.1　　　　表 3.9 回归结果

Dependent Variable: Y

Method: Least Squares

Date: 03/21/13　　Time: 06:51

Sample: 1998 2011

Included observations: 14

Variable	Coefficient	Std. Error	t-Statistic	Prob.
C	−14620.99	2910.359	−5.023775	0.0004
X2	8.129177	1.492639	5.446178	0.0002
X3	0.238702	0.096800	2.465929	0.0313
R-squared	0.99194	Mean dependent var		16454.92
Adjusted R-squared	0.990475	S.D. dependent var		13755.03
S.E. of regression	1342.443	Akaike info criterion		17.42978
Sum squared resid	19823684	Schwarz criterion		17.56672
Log likelihood	−119.0085	Hannan-Quinn criter.		17.4171
F-statistic	676.9092	Durbin-Watson stat		1.973934
Prob(F-statistic)	0.00000			

拟合优度：$R^2 = 0.99194$，$\bar{R}^2 = 0.99047$，说明样本拟合效果很好。

F 检验：$n = 14$，$k = 3$，在给定显著水平 $\alpha = 0.05$ 条件下，查 F 分布表得临界值 $F_{0.05}(2,11) = 3.98$。

$F = 676.9092 > F_{0.05}(2,11) = 3.98$，因此，拒绝原假设 $H_0: \beta_2 = \beta_3 = 0$，不拒绝备择假设 H_1: β_2 和 β_3 不全为零。说明模型整体检验显著，也就是说，解释变量每平方米销售价格 X_2 和本年完成投资 X_3 联合起来对被解释变量商品房销售收入 Y 有显著影响。

t 检验：在给定显著水平 $\alpha=0.05$ 条件下，查 t 分布表得临界值 $t_{0.025}(11)=2.201$，相应偏回归系数估计值 $\hat{\beta}_1$、$\hat{\beta}_2$ 和 $\hat{\beta}_3$ 所对应的 t 值分别为：-5.023775、5.446178 和 2.465929，都有 $|t|>t_{0.025}(11)=2.201$，因此，拒绝原假设 H_0：$\beta_j=0$，不拒绝备择假设 H_1：$\beta_j\neq 0$（$j=1, 2, 3$）。这说明在其他解释变量不变的情况下，解释变量每平方米销售价格 X_2 和本年完成投资 X_3 分别对被解释变量商品房销售收入 Y 有显著影响。所以，样本回归函数为：

$$\hat{Y}_i=-14620.99+8.129177X_{2t}+0.238702X_{3t}$$

说明商品房销售价格每平方米增加 1 元钱，平均来说，会引起商品房销售收入增加 8.13 亿元；而本年完成投资每增加 1 亿元，平均来说，会引起商品房销售收入增加 0.2387 亿元。

3.8　设中国 1990—2011 年货币需求函数为：

$$M_t=AY_t^{\beta_2}r_t^{\beta_3}e^{u_t}$$

其中 M=货币供应量 M_2（亿元）；Y=国内生产总值 GDP（亿元）；r=利率，取一年期法定存款利率的年内每次调整利率的简单算术平均数，由各年度统计数据计算获得，见表 3.10。

表 3.10　　1990—2011 年中国货币需求函数相关数据

年度	M_2	GDP/Y	r
1990	15293.4	18667.8	8.640
1991	19349.9	21781.5	7.560
1992	25402.2	26923.5	7.560
1993	34879.8	35333.9	10.080
1994	46923.5	48197.9	10.980
1995	60750.5	60793.7	10.980
1996	76094.9	71176.6	8.325
1997	90995.3	78973.0	5.670
1998	104498.5	84402.3	4.590
1999	119897.9	89677.1	2.250
2000	134610.3	99214.6	2.250
2001	158301.9	109655.2	2.250
2002	185007.0	120332.7	1.980
2003	221222.8	135822.8	1.980
2004	254107.0	159878.3	2.250
2005	298755.7	184937.4	2.250
2006	345603.6	216314.4	3.060
2007	403442.2	265810.3	3.465
2008	475166.6	314045.4	3.060
2009	606225.0	340902.8	2.250
2010	725851.8	401512.8	2.625
2011	851590.9	472881.6	3.250

资料来源：《中国统计年鉴》，利率 r 是一年期存款利率年内调整利率的简单算术平均值，基于各年数据计算获得。http://www.stats.gov.cn/tjsj/ndsj/2012/indexch.htm.

现建立计量经济学模型为：$\ln M_t = \beta_1 + \beta_2 \ln Y_t + \beta_3 \ln r_t + u_t$，其中 $\beta_1 = \ln A$。利用 EViews 软件得到回归分析结果为：

$$\ln \hat{M}_t = -1.521165 + 1.174571 \ln Y_t - 0.165528 \ln r_t$$

$$(0.165833) \quad (0.012626) \quad (0.018723)$$

$$R^2 = 0.999073, \quad \bar{R}^2 = 0.998976, \quad F = 10242.19。$$

上述括号内的数值为相应偏回归系数的标准差。要求：

（1）给定显著性水平 $\alpha = 0.05$，请进行模型整体的显著性检验；

（2）给定显著性水平 $\alpha = 0.05$，请对偏回归系数 β_2 和 β_3 进行 t 检验；

（3）请对模型的经济意义进行解释。

解：（1）$n = 22$，$k = 3$，给定显著性水平 $\alpha = 0.05$，查 F 分布表得临界值为 $F_{0.05}(2, 19) = 3.52$。

$F = 10242.19 > F_{0.05}(2,19) = 3.52$，因此，拒绝原假设 $H_0 : \beta_2 = \beta_3 = 0$，不拒绝备择假设 H_1: β_2 和 β_3 不全为零，即模型整体检验显著。也就是说，国内生产总值和利率联合起来对货币供应量 M_2 有显著影响。

（2）先计算 t 值：

$$t_1 = \frac{-1.51165}{0.165833} = -9.1155, \quad t_2 = \frac{1.174571}{0.012626} = 93.0279, \quad t_3 = \frac{-1.65528}{0.018723} = -88.4089$$

给定显著性水平 $\alpha = 0.05$，查 t 分布表得临界值为 $t_{0.025}(19) = 2.093$，显然，所有的偏回归系数的估计值的 t 值的绝对值都远远大于这个临界值。因此，拒绝原假设 H_0：$\beta_j = 0$，不拒绝备择假设 H_1：$\beta_j \neq 0$ $(j = 1, 2, 3)$，即偏斜率系数 β_2 和 β_3 的 t 检验显著。这说明，在其他解释变量不变的情况下，国内生产总值和利率分别对货币供应量 M_2 有显著影响。

（3）国内生产总值 GDP 和利率 r 所对应该的参数的估计值是取对数后的参数的估计，也就是货币供应量 M_2 对 GDP 和利率 r 的弹性，且

$$\hat{\beta}_2 + \hat{\beta}_3 = 1.17457 - 0.165528 = 1.009$$

两个参数估计值之和几乎等于 1，说明模型为完美的规模报酬不变的柯布–道格拉斯函数形式。所以，国内生产总值 GDP 每提高 1%，平均来说，会引起货币供应量 M_2 增加 1.175%；利率每提高 1%，平均来说，会引起货币供应量减少 0.166%。

附加题 3.1　用文字表述多元线性回归模型的基本假定。

答：参见教材 P.77—P.78。

（1）假定 1　随机干扰项的均值为零。

（2）假定 2　随机干扰项具有同方差性。

（3）假定 3　随机干扰项无自相关。

（4）假定 4　随机干扰项与解释变量不相关。

（5）假定 5　解释变量之间不存在严格线性关系，即无多重共线性。

（6）假定 6　随机干扰项服从正态分布。

附加题 3.2　利用 526 个工人的观测数据，得到如下的小时工资样本回归模型：

$$\widehat{\ln(wage)} = 0.284 + 0.092educ + 0.0041exper + 0.022tenure$$
$$(0.14)\quad (0.007)\quad (0.0017)\quad (0.003)$$
$$n = 526,\quad R^2 = 0.316$$

其中，*wage* 表示每小时工资（美元）；*educ* 表示受教育年数；*exper* 表示工作经历（年）；*tenure* 表示现任职务的任期。要求：

（1）在给定显著性水平 5%的条件下，对模型整体进行检验；

（2）在给定显著性水平 5%的条件下，对模型偏斜率系数进行 *t* 检验；

（3）对该模型的经济意义进行解释。

解：（1）原假设 $H_0: \beta_{educ} = \beta_{exper} = \beta_{tenure} = 0$；备择假设 H_1：β_{educ}、β_{exper} 和 β_{tenure} 不全为零。给定显著性水平 $\alpha = 0.05$ 的条件下，$k-1=3$，$n-k=522$，查 F 分布表得临界值为 $F_{0.05}(3,120) = 2.68 > F_{0.05}(3,522)$。

$$F = \frac{n-k}{k-1} \cdot \frac{R^2}{1-R^2} = \frac{522}{3} \times \frac{0.316}{1-0.316} = 80.386 > F_{0.05}(3,522)$$

从而，拒绝原假设 $H_0: \beta_{educ} = \beta_{exper} = \beta_{tenure} = 0$，不拒绝备择假设 H_1：β_{educ}、β_{exper} 和 β_{tenure} 不全为零，即模型整体检验显著。也就是说，解释变量受教育年数、工作经历和现任职务的任期联合起来对被解释变量每小时工资有显著影响。

（2）原假设 $H_0: \beta_{educ} = 0$；备择假设 $H_1: \beta_{educ} > 0$。由于 $n = 526$，可以看作接近为正态分布，在显著性水平 $\alpha = 0.05$ 的条件下，查正态分布表得临界值为 $z_{0.05} = 1.645$。而

$$t_{educ} = \frac{0.092}{0.007} = 13.143 > z_{0.05} = 1.645$$

所以，拒绝原假设 $H_0: \beta_{educ} = 0$，不拒绝备择假设 $H_1: \beta_{educ} > 0$，即解释变量受教育年数对被解释变量小时工资有显著影响。同样，原假设 $H_0: \beta_{exper} = 0$；备择假设 $H_1: \beta_{exper} > 0$。在显著性水平 $\alpha = 0.05$ 的条件下，

$$t_{exper} = \frac{0.0041}{0.0017} = 2.412 > z_{0.05} = 1.645$$

所以，拒绝原假设 $H_0: \beta_{exper} = 0$，不拒绝备择假设 $H_1: \beta_{exper} > 0$，即解释变量工作经历对被解释变量小时工资有显著影响。原假设 $H_0: \beta_{tenure} = 0$；备择假设 $H_1: \beta_{tenure} > 0$。在显著性水平 $\alpha = 0.05$ 的条件下，

$$t_{tenure} = \frac{0.022}{0.003} = 7.333 > z_{0.05} = 1.645$$

所以，拒绝原假设 H_0：$\beta_{tenure} = 0$，不拒绝备择假设 H_1：$\beta_{tenure} > 0$，即解释变量职务任期对被解释变量小时工资有显著影响。

（3）受教育年数每增加 1 年，平均会引起小时工资增加 9.2%；工作经历每增加 1 年，平均会引起小时工资增加 0.41%；现任职务的任期每增加 1 年，平均会引起小时工资增加 2.2%。说明这个样本模型中工作经历对小时工资的提高没有太大的影响。另外，虽然，模型整体检验显著，偏斜率系数的估计值的 t 检验都显著，但样本的拟合效果并不好，$R^2 = 0.316$。

第四章

多重共线性

本章学习目的： 掌握多重共线性的概念、产生原因、后果、检测方法以及补救方法。

本章学习重点： 清楚多重共线性研究的目的，掌握不完全多重共线性的后果，即 t 检验不显著和估计量符号与实际经济意义不相符的特点，掌握逐步回归法的步骤以及了解如何利用软件对多重共线性进行补救的方法。熟悉方差扩大因子的概念以及估计量方差的表达式。

4.1 什么是多重共线性？

答： 多重共线性（Multi-collinearity）一词是由弗里希（Ragnar Frisch）发明的，其原意是指一个回归模型中解释变量全部或部分之间存在完全或准确的线性关系。而现在意义上的多重共线性，其含义还包括不完全或近似的线性关系，参见教材 P.98—P.99。

4.2 出现多重共线性的主要原因是什么？

答：（1）经济变量之间存在共同变化趋势。对于时间序列数据，很多经济变量往往是随着时间的变化而同时增加或减少。对于截面数据，很多经济变量与发展规模相关，因此，解释变量之间也会呈现共同变化趋势。

另外，其中一个解释变量对被解释变量的影响因素已经被另外的解释变量涵盖，这个时候，解释变量之间也存在高度线性相关性。

（2）模型中存在滞后变量。例如，引入滞后变量的时间序列模型。

（3）样本数据的限制。一般情况下，利用时间序列数据建立模型时，往往存在多重共线性问题，而利用截面数据建立模型时，问题不会太大，但仍然会存在多重共线性的问题，参见教材 P.99—P.100。

4.3 多重共线性可能造成的后果是什么？

答： 对完全多重共线性造成的后果是：参数估计量不确定；参数估计量的方差无限大。对不完全多重共线性来说，并不违背基本假定，因此，参数估计量依旧是 BLUE，但在严重多重共线性情况下，会引起参数估计量的方差增大。因此，在对模型参数的 t 检验中，由于参数估计量的标准差增大而使得 t 值变小，结果造成本应该拒绝原假设反而不拒绝，即 t 检验不显著。

在不完全多重共线性情况下，可决系数 R^2 可能会很高，F 检验也显著，但是，对参数的 t 检验可能不显著，甚至出现偏斜率系数的符号与实际经济现象恰好相反的情况，从而得出错误的结论。

如果仅仅是为了预测，不完全多重共线性可能不会成为严重问题，但是，参数估计值的方差变大会造成预测区间不稳定，从而使预测失效。

4.4 多重共线性的常见补救方法有哪些？

答：（1）直接删除法。如果检测出多重共线性是由某解释变量引起，可以直接剔除该解释变量。但是，若该解释变量是无关重要的，则不会对模型产生什么严重后果；若该解释变量是非常重要的，剔除了解释变量会使得影响因素归于随机误差项，从而引起异方差和自相关问题。

（2）增加样本容量法。如果多重共线性是由样本观测值引起的，那么可以采取增加样本容量的方法来减少因数据原因而引起的多重共线性。

（3）差分法。一般来讲，对于时间序列经济变量的增量之间的线性关系远比总量之间的线性关系弱一些。因此，通过差分的形式可以降变量之间的线性关系。

（4）逐步回归法。该方法不仅可以对多重共线性进行检测，同时也是一种处理多重共线性的有效的补救方法。具体步骤：① 用被解释变量对每个解释变量进行简单线性回归，通常按照可决系数 R^2（或 $\bar{R}^2$）值最大的回归方程作为第一个基本回归方程。② 在基本回归方程中分别增加其他解释变量，建立所有可能的二元线性回归方程，对模型进行 R^2 检验、F 检验和 t 检验。按照可决系数 R^2（或 $\bar{R}^2$）值改进最大且不影响原有解释变量显著性的回归方程，作为第二个基本回归方程。③ 继续重复上述的步骤，直到没有显著性解释变量可被选入为止。

4.5 逐步回归法的具体步骤是什么？

答： 具体步骤：（1）用被解释变量对每个解释变量进行简单线性回归，通常按照可决系数 R^2（或 $\bar{R}^2$）值最大的回归方程作为第一个基本回归方程。（2）在基本回归方程中分别增加其他解释变量，建立所有可能的二元线性回归方程，对模型进行 R^2 检验、F 检验和 t 检验。按照可决系数 R^2（或 $\bar{R}^2$）值改进最大且不影响原有解释变量显著性的回归方程作为第二个基本回归方程。（3）继续重复上述的步骤，直到没有显著性解释变量可被选入为止。

4.6 在多重共线性情况下，OLS 估计量是否还是 BLUE？

答：在完全多重共线性情况下，OLS 估计量和其方差都不确定，因此，不是 BLUE；在不完全多重共线性情况下，OLS 估计量所有统计性质不变，因此，仍是 BLUE。

4.7 由例 3.1 得到下列回归结果

$$\hat{Y}_i = 639.7117 + 0.06721X_{2i} + 0.96712X_{3i}$$
$$(203.2) \quad (0.0373) \quad (0.0605)$$
$$(3.148) \quad (1.8010) \quad (15.973)$$
$$R^2 = 0.99431, \quad F = 2446.552, \quad n = 31$$

其中，Y 代表 2011 年城镇居民家庭平均每人全年现金消费支出；X_2 代表 2011 年城镇居民家庭平均每人全年可支配收入；X_3 代表 2010 年城镇居民家庭平均每人全年现金消费支出。数据来源见表 3.1。请问模型是否存在多重共线性？如何进行检验？

解：模型存在多重共线性。

给定 $\alpha = 0.05$，查表得 $F_{0.05}(2,28) = 3.34$，$t_{0.025}(28) = 2.048$。由 $R^2 = 0.99431$，$F = 2\ 446.552 > F_{0.05}(2,28) = 3.34$，说明样本拟合效果很好，解释变量联合起来对模型检验显著，但是，t_2=1.801 < $t_{0.025}(28) = 2.048$，即解释变量 X_2 所对应的参数的 t 检验不显著。另外，X_2 与 X_3 之间的相关系数为 0.9827，说明高度线性相关。

4.8 表 4.6 给出了 1995—2011 年中国商品进口额、国内生产总值和居民消费价格指数数据。

表 4.6 商品进口额、国内生产总值和居民消费价格指数数据

年度	商品进口额/亿元 Y	国内生产总值/亿元 X_2	居民消费价格指数（1995 年为 100）X_3
1995	11048.1	60793.7	100.00
1996	11557.4	71176.6	126.80
1997	11806.5	78973.0	130.40
1998	11626.1	84402.3	129.30
1999	13736.4	89677.1	127.50
2000	18638.8	99214.6	128.00
2001	20159.2	109655.2	128.90
2002	24430.3	120332.7	127.90
2003	34195.6	135822.8	129.40
2004	46435.8	159878.3	134.50
2005	54273.7	184937.4	136.90
2006	63376.9	216314.4	138.90
2007	73300.1	265810.3	145.60
2008	79526.5	314045.4	154.20
2009	68618.4	340902.8	153.10
2010	94699.3	401512.8	158.20
2011	113161.4	472881.6	166.70

资料来源：中国统计年鉴. 2012. http://www.stats.gov.cn/tjsj/ndsj/2012/indexch.htm.

如果设模型为：$\ln Y_t = \beta_1 + \beta_2 \ln X_{2t} + \beta_3 \ln X_{3t} + u_t$

（1）请利用表 4.6 中的数据估计模型参数。

（2）请问模型中是否存在多重共线性？

（3）请对下列的简单线性回归模型进行回归分析，并说明回归结果：

$$\ln Y_t = \alpha_1 + \alpha_2 \ln X_{2t} + v_{1t}$$

$$\ln Y_t = \delta_1 + \delta_3 \ln X_{3t} + v_{2t}$$

$$\ln X_{2t} = \lambda_1 + \lambda_3 \ln X_{3t} + v_{3t}$$

（4）如果仅仅是为了预测，多重共线性是否构成严重影响？

解：（1）回归方程为：

$$\ln \hat{Y}_t = 1.066358 + 1.582186 \ln X_{2t} - 1.951317 \ln X_{3t}$$

$$t = (0.400421) \quad (10.12418) \quad (-2.259711)$$

$$R^2 = 0.963898 \quad F = 186.8956 \quad n = 17$$

（2）模型存在多重共线性。

给定显著性水平 $\alpha = 0.05$，$n = 17$，$n - k = 17 - 3 = 14$，$k - 1 = 3 - 1 = 2$，分别查 F 分布表和 t 分布表，得 $F_{0.05}(2,14) = 3.74$，$t_{0.025}(14) = 2.145$。由 $R^2 = 0.963898$，$F = 186.8956 > F_{0.05}(2,14) = 3.74$，说明样本拟合效果很好，解释变量 X_2 和 X_3 联合起来对被解释变量 Y 有显著影响，模型检验显著，偏回归系数对应的 t 值分别为：10.12418 和–2.259711，其绝对值皆大于临界值 $t_{0.025}(14) = 2.145$。但是，居民消费价格指数 X_3 的回归系数的估计值为负，而对被解释变量 Y 做简单回归的时候，其斜率系数估计值却是正的，说明模型存在多重共线性。

（3）各简单回归方程为：

$$\ln \hat{Y}_t = -4.6832 + 1.2618 \ln X_{2t}$$

$$(-5.279) \quad (17.013)$$

$$R^2 = 0.95073, \quad F = 289.4477$$

$$\ln \hat{Y}_t = -18.9636 + 5.9807 \ln X_{3t}$$

$$(-3.817) \quad (5.910)$$

$$R^2 = 0.69958, \quad F = 34.9307$$

$$\ln \hat{X}_{2t} = -12.6597 + 5.0133 \ln X_{3t}$$

$$(-4.298) \quad (8.357)$$

$$R^2 = 0.8231, \quad F = 69.8349$$

解释变量单独各自对被解释变量进行简单线性回归的效果都很不错，t 检验都显著，但是如果两个变量——国内生产总值和居民消费价格指数同时进入模型时，就会出现多重共线性。从最后的回归方程可以看到，解释变量之间的相关系数为 0.9072，即高度线性相关。

（4）如果仅仅是为了预测，那么，可决系数越大，预测会越准确，因此，多重共线性并不构成严重影响。但是，严重的多重共线性会引起方差过大，造成参数估计值不稳定，从而会导致预测不稳定。

4.9 由第三章的案例知道，Y 代表税收收入，X_2 代表国内生产总值，X_3 代表财政支出，X_4 代表商品零售物价指数。具体数据见表 3.3。

（1）如果模型设定为：$Y_t = \beta_1 + \beta_2 X_{2t} + \beta_3 X_{3t} + \beta_4 X_{4t} + u_t$，请问模型是否存在多重共线性？如果存在多重共线性，如何采取补救办法？

（2）如果模型重新设定为：$\ln Y_t = \beta_1 + \beta_2 \ln X_{2t} + \beta_3 \ln X_{3t} + \beta_4 X_{4t} + u_t$，请问能否消除多重共线性问题，如果不能，如何采取补救办法？

解：（1）从第三章案例的回归分析结果：

$$\hat{Y}_t = -8966.772 + 0.068X_{2t} + 0.532X_{3t} + 71.267X_{4t}$$

$$(-1.991) \quad (3.748) \quad (6.874) \quad (1.702)$$

$$R^2 = 0.9982, \quad F = 3382.39, \quad n = 22$$

给定 $\alpha = 0.05$，查表得 $F_{0.05}(3,18) = 3.16$，$t_{0.025}(18) = 2.101$。由 $R^2 = 0.9982$，$F = 3382.39 > F_{0.05}(3,18) = 3.16$，说明样本拟合效果很好，解释变量联合起来对模型检验显著，但是，$t_4 = 1.702 < t_{0.025}(18) = 2.101$，即解释变量 X_4 所对应的参数的 t 检验不显著。另外，X_2、X_3 和 X_4 之间的相关系数矩阵为：

表 3.3.1 **表 3.3 相关系数矩阵之一**

	X2	X3	X4
X2	1	0.9943	−0.1769
X3	0.9943	1	−0.1607
X4	−0.1769	−0.1607	1

解释变量 X_2 和 X_3 之间的相关系数为 0.9943，即高度线性相关。

现在用逐步回归法来修正模型的多重共线性。对各解释变量建立简单线性回归方程为：

$$\hat{Y}_t = -4905.013 + 0.1916X_{2t}$$

$$(-6.7961) \ (52.6897)$$

$$\bar{R}^2 = 0.9925, \quad F = 2776.201$$

$$\hat{Y}_t = 453.571 + 0.8197X_{3t}$$

$$(1.0376) \ (78.0402)$$

$$\bar{R}^2 = 0.9966, \quad F = 6090.269$$

$$\hat{Y}_t = 88046.50 - 615.1496X_{4t}$$

$$(0.9339)\ (-0.6769)$$

$$\bar{R}^2=-0.0265\text{，}\quad F=0.4582$$

可以看出，X_4 代表商品零售物价指数，其回归效果很差，$\bar{R}^2=-0.0265$ 为负数，此时取值为 0，说明没有比样本本身拟合效果还好，同时，回归系数估计值为负的，与经济意义也不符合。而解释 X_2 和 X_3 所对应的修正可决系数分别为 $\bar{R}^2=0.9925$ 和 $\bar{R}^2=0.9966$。因此，选择基本回归方程为

$$\hat{Y}_t=453.571+0.8197X_{3t}$$

二元回归结果为：

$$\hat{Y}_t=-1372.062+0.063128X_{2t}+0.551646X_{3t}$$

$$(-2.1107)\quad(3.3542)\qquad(6.8633)$$

$$\bar{R}^2=0.9977\text{，}\quad F=4611.542$$

表面上看，模型 F 检验显著，参数的 t 检验显著。但是，解释变量 X_2 和 X_3 之间的相关系数为 0.9943，即高度线性相关，因此，解释变量 X_2 也不应该在模型中。

（2）回归分析结果为：

$$\ln\hat{Y}_t=-0.328+0.001\ln X_{2t}+0.98\ln X_{3t}+0.003X_{4t}$$

$$(-1.239)\ (0.015)\qquad(16.93)\quad(2.127)$$

$$R^2=0.9987\text{，}\quad F=5207.402\text{，}\quad n=22$$

给定 $\alpha=0.05$，查表得 $F_{0.05}(3,18)=3.16$，$t_{0.025}(18)=2.101$。由 $R^2=0.9987$，$F=5207.402>F_{0.05}(3,18)=3.16$，说明样本拟合效果很好，解释变量联合起来对模型检验显著，但是，$t_2=0.015<t_{0.025}(18)=2.101$，即解释变量 $\ln X_2$ 所对应的参数的 t 检验不显著。另外，$\ln X_2$、$\ln X_3$ 和 X_4 之间的相关系数矩阵为：

表 3.3.2　　　　　　表 3.3 相关系数矩阵之二

	LNX2	LNX3	X4
LNX2	1	0.9897	−0.2867
LNX3	0.9897	1	−0.3302
X4	−0.2867	−0.3302	1

说明 $\ln X_2$ 和 $\ln X_3$ 之间还是高度线性相关。因此，仍然消除不了多重共线性问题。

对各解释变量建立简单线性回归方程为：

$$\ln\hat{Y}_t=-3.662+1.145\ln X_{2t}$$

$$(-8.541)\ (30.977)$$

$$\bar{R}^2=0.9786\text{，}\quad F=1959.58$$

$$\ln\hat{Y}_t=0.082+0.975\ln X_{3t}$$

$$(1.0028)\ (116.586)$$

$$\bar{R}^2 = 0.9985\text{，}\quad F = 13592.15$$

$$\ln\hat{Y}_t = 15.346 - 0.0557X_{4t}$$
$$(3.9169)\ (-1.4746)$$
$$\bar{R}^2 = 0.05296\text{，}\quad F = 2.1744$$

选择基本回归方程为

$$\ln\hat{Y}_t = 0.082 + 0.975\ln X_{3t}$$

增加解释变量 $\ln X_2$，得到回归方程为

$$\ln\hat{Y}_t = -0.0678 + 0.0437\ln X_{2t} + 0.9386\ln X_{3t}$$
$$(-0.2657)\ (0.6214)\qquad (15.824)$$

解释变量 $\ln X_2$ 对应的参数 t 检验不显著，因此，模型中不应该含有该解释变量。

增加解释变量 X_4，得到回归方程为

$$\ln\hat{Y}_t = -0.3253 + 0.9812\ln X_{3t} + 0.0034X_{4t}$$
$$(-1.6883)\ (121.95)\qquad (2.2926)$$

表面上看，X_4 的 t 检验显著，而实际上，简单回归方程中，t 检验不显著，且符号也不合理。因此，模型中不应该含有解释变量 X_4。

4.10 表 4.7 给出了 1936—1952 年美国有关经济数据。克莱因和戈德伯格试图对美国经济建立如下经济模型

$$\boldsymbol{Y_i = \beta_1 + \beta_2 X_{2i} + \beta_3 X_{3i} + \beta_4 X_{4i} + u_i}$$

其中 Y 代表消费，X_2 代表工资收入，X_3 代表非工资、非农场收入，X_4 代表农场收入。由表 4.7 的数据得回归结果为：

$$\boldsymbol{\hat{Y}_i = 18.702 + 0.38X_{2i} + 1.418X_{3i} + 0.533X_{4i}}$$
$$\boldsymbol{SE = (6.845)\quad (0.312)\quad (0.720)\quad (1.399)}$$
$$\boldsymbol{R^2 = 0.918721\text{，}\quad F = 37.67771\text{，}\quad n = 14}$$

（1）请检验模型是否存在多重共线性。

（2）克莱因和戈德伯格预料到 X_2、X_3 和 X_4 之间存在高度多重共线性，因此通过截面数据分析获得 β_3 和 β_4 的估计值为

$$\boldsymbol{\hat{\beta}_3 = 0.75\hat{\beta}_2\text{，}\quad \hat{\beta}_4 = 0.625\hat{\beta}_2}$$

设 $Z_i = X_{2i} + 0.75X_{3i} + 0.625X_{4i}$，重新建立消费函数模型为：

$$\boldsymbol{Y_i = \beta_1 + \beta_2 Z_i + u_i}$$

请利用表 4.7 中的数据估计 β_1 和 β_2，从而得出 β_3 和 β_4 的估计值。

表 4.7　　1936—1952 年美国有关经济数据

年份	Y	X2	X3	X4
1936	62.8	43.41	17.1	3.96
1937	65	46.44	18.65	5.48
1938	63.9	44.35	17.09	4.37
1939	67.5	47.82	19.28	4.51
1940	71.3	51.02	23.24	4.88
1941	76.6	58.71	28.11	6.37
1945	86.3	87.69	30.29	8.96
1946	95.7	76.73	28.26	9.76
1947	98.3	75.91	27.91	9.31
1948	100.3	77.62	32.3	9.85
1949	103.2	78.01	31.39	7.21
1950	108.9	83.57	35.61	7.39
1951	108.5	90.59	37.58	7.98
1952	111.4	95.47	35.17	7.42

注：由于战争，1942—1944 年的数据缺失。

资料来源：古扎拉蒂．计量经济学基础[M]．北京：中国人民大学出版社，2011：355.

解：（1）由回归方程得出参数估计量的 t 检验值分别为：

$$t_1=\frac{\hat{\beta}_1}{\hat{SE}(\hat{\beta}_1)}=\frac{18.702}{6.845}=2.7322，\quad t_2=\frac{\hat{\beta}_2}{\hat{SE}(\hat{\beta}_2)}=\frac{0.38}{0.312}=1.2179，$$

$$t_3=\frac{\hat{\beta}_3}{\hat{SE}(\hat{\beta}_3)}=\frac{1.418}{0.72}=1.9694，\quad t_4=\frac{\hat{\beta}_4}{\hat{SE}(\hat{\beta}_4)}=\frac{0.533}{1.399}=0.381。$$

给定 $\alpha=0.05$，查表得 $F_{0.05}(3,10)=3.71$，$t_{0.025}(10)=2.228$。由 $R^2=0.918721$，$F=37.67771>F_{0.05}(3,10)=3.71$，说明模型拟合效果很好，整体检验显著，也就是说，解释变量 X_2、X_3 和 X_4 联合起来对模型有显著影响，但是，在 t 检验中，除了 $t_1=2.7322>t_{0.025}(10)=2.228$，其他参数估计值的 t 检验都不显著。说明模型可能存在多重共线性。

（2）根据表 4.7 数据，利用 EViews 软件得到回归方程为：

$\hat{Y}_i=20.995+0.7096Z_i$ 得，$\hat{\beta}_1=20.995$，$\hat{\beta}_2=0.7096$，从而，

$\hat{\beta}_3=0.75\hat{\beta}_2=0.75\times0.7096=0.5322$，$\hat{\beta}_4=0.625\hat{\beta}_2=0.625\times0.7096=0.4435$。

4.11　表 4.8 给出了 1978—2011 年中国财政收入及其影响因素相关数据。若模型设定为：$Y_t=\beta_0+\beta_1X_{1t}+\beta_2X_{2t}+\beta_3X_{3t}+\beta_4X_{4t}+\beta_5X_{5t}+\beta_6X_{6t}+u_t$

请检验模型是否存在多重共线性，如果存在，请采取相应的补救方法进行修正。

表 4.8 1978—2011 中国年财政收入及其影响因素相关数据

年度	财政收入/亿元 Y	农业增加值/亿元 X_1	工业增加值/亿元 X_2	建筑业增加值/亿元 X_3	总人口/万人 X_4	最终消费/亿元 X_5	受灾面积/千公顷 X_6
1978	1132.3	1027.5	1607.0	138.2	96259	2239.1	50807
1979	1146.4	1270.2	1769.7	143.8	97542	2633.7	39370
1980	1159.9	1371.6	1996.5	195.5	98705	3007.9	50025
1981	1175.8	1559.5	2048.4	207.1	100072	3361.5	44526
1982	1212.3	1777.4	2162.3	220.7	101654	3714.8	39790
1983	1367.0	1978.4	2375.6	270.6	103008	4126.4	33130
1984	1642.9	2316.1	2789.0	316.7	104357	4846.3	34710
1985	2004.8	2564.4	3448.7	417.9	105851	5986.3	44365
1986	2122.0	2788.7	3967.0	525.7	107507	6821.8	47140
1987	2199.4	3233.0	4585.8	665.8	109300	7804.6	42090
1988	2357.2	3865.4	5777.2	810.0	111026	9839.5	50870
1989	2664.9	4265.9	6484.0	794.0	112704	11164.2	46991
1990	2937.1	5062.0	6858.0	859.4	114333	12090.5	38474
1991	3149.5	5342.2	8087.1	1015.1	115823	14091.9	55472
1992	3483.4	5866.6	10284.5	1415.0	117171	17203.3	51332
1993	4349.0	6963.8	14188.0	2266.5	118517	21899.9	48827
1994	5218.1	9572.7	19480.7	2964.7	119850	29242.2	55046
1995	6242.2	12135.8	24950.6	3728.8	121121	36748.2	45824
1996	7408.0	14015.4	29447.6	4387.4	122389	43919.5	46991
1997	8651.1	14441.9	32921.4	4621.6	123626	48140.6	53427
1998	9876.0	14817.6	34018.4	4985.8	124761	51588.2	50145
1999	11444.1	14770.0	35861.5	5172.1	125786	55636.9	49980
2000	13395.2	14944.7	40033.6	5522.3	126743	61516.0	54688
2001	16386.0	15781.3	43580.6	5931.7	127627	66933.9	52215
2002	18903.6	16537.0	47431.3	6465.5	128453	71816.5	46946
2003	21715.3	17381.7	54945.5	7490.8	129227	77685.5	54506
2004	26396.5	21412.7	65210.0	8694.3	129988	87552.6	37106
2005	31649.3	22420.0	77230.8	10367.3	130756	99357.5	38818
2006	38760.2	24040.0	91310.9	12408.6	131448	113103.8	41091
2007	51321.8	28627.0	110534.9	15296.5	132129	132232.9	48992
2008	61330.4	33702.0	130260.2	18743.2	132802	153422.5	39990
2009	68518.3	35226.0	135239.9	22398.8	133450	169274.8	47214
2010	83101.5	40533.6	160722.2	26661.0	134091	194115.0	37426
2011	103874.4	47486.2	188470.2	31942.7	134735	228561.3	32471

资料来源：中国统计年鉴. 2012. http://www.stats.gov.cn/tjsj/ndsj/2012/indexch.htm.

解：利用 EViews 6.0 得回归分析结果为：

$$\hat{Y}_t = -1907.75 - 1.31220X_{1t} + 0.38428X_{2t} + 2.72373X_{3t} + 0.06589X_{4t} - 0.00456X_{5t} - 0.05728X_{6t}$$
$$t = (-0.26275)\ (-4.97181)\quad (4.47879)\quad (8.8999)\quad (0.87870)\quad (-0.05305)\quad (-1.47014)$$

表 4.8.1　　　　表 4.8 回归结果

Dependent Variable: Y
Method: Least Squares
Date: 04/07/13　　Time: 06:38
Sample: 1978 2011
Included observations: 34

Variable	Coefficient	Std. Error	t-Statistic	Prob.
C	−1907.75	7260.627	−0.26275	0.79470
X1	−1.31220	0.26393	−4.97181	0.00000
X2	0.38428	0.08580	4.47879	0.00010
X3	2.72373	0.30604	8.89990	0.00000
X4	0.06589	0.07498	0.87870	0.38730
X5	−0.00456	0.08598	−0.05305	0.95810
X6	−0.05728	0.03896	−1.47014	0.15310
R-squared	0.99826	Mean dependent var		18185.17
Adjusted R-squared	0.99787	S.D. dependent var		26129.67
S.E. of regression	1204.76	Akaike info criterion		17.20719
Sum squared resid	39188993	Schwarz criterion		17.52144
Log likelihood	−285.522	Hannan-Quinn criter.		17.31436
F-statistic	2582.701	Durbin-Watson stat		1.665072
Prob(F-statistic)	0.000000			

给定 $\alpha=0.05$，查表得 $F_{0.05}(6,27)=2.46$，$t_{0.025}(27)=2.052$。由 $\overline{R}^2=0.99787$，$F=2582.701>F_{0.05}(6,27)=2.46$，说明样本拟合效果很好，解释变量联合起来对模型检验显著，但是，解释变量 X_4、X_5 和 X_6 所对应的参数的 t 的绝对值分别为 0.8787、0.05305、1.47014 皆小于临界值 $t_{0.025}(27)=2.052$，即 t 检验不显著，且解释变量 X_1 农业增加值所对应的参数估计值为负的，与实际经济意义不符合。所以，模型可能存在严重的多重共线性。

相关系数矩阵为：

表 4.8.2　　　　表 4.8 相关系数矩阵

	X1	X2	X3	X4	X5	X6
X1	1.0000	0.9880	0.9781	0.8645	0.9949	−0.2333
X2	0.9880	1.0000	0.9941	0.7920	0.9970	−0.3007
X3	0.9781	0.9941	1.0000	0.7556	0.9895	−0.3154
X4	0.8645	0.7920	0.7556	1.0000	0.8270	0.0541
X5	0.9949	0.9970	0.9895	0.8270	1.0000	−0.2654
X6	−0.2333	−0.3007	−0.3154	0.0541	−0.2654	1.0000

可以看出，除受灾面积以外，各解释变量之间存在高度的线性相关性。现在利用逐步回归法对解释变量进行筛选。

一元回归方程：

$$\hat{Y}_t = -8636.756+2.0306X_{1t}$$
$$(-4.6465)\ (19.6297)$$
$$\bar{R}^2 = 0.92093,\quad F = 385.326$$

$$\hat{Y}_t = -2860.159+0.5111X_{2t}$$
$$(-3.3639)\ (38.8624)$$
$$\bar{R}^2 = 0.9786,\quad F = 1510.283$$

$$\hat{Y}_t = -1432.229+3.2059X_{3t}$$
$$(-2.6179)\ (58.9902)$$
$$\bar{R}^2 = 0.9906,\quad F = 3479.85$$

$$\hat{Y}_t = -161792.2+1.5211X_{4t}$$
$$(-5.1413)\ (5.7489)$$
$$\bar{R}^2 = 0.49269,\quad F = 33.049$$

$$\hat{Y}_t = -4713.795+0.4205X_{5t}$$
$$(-3.8247)\ (27.6397)$$
$$\bar{R}^2 = 0.9585,\quad F = 763.955$$

$$\hat{Y}_t = 82028.52-1.3997X_{6t}$$
$$(2.7381)\quad (-2.1529)$$
$$\bar{R}^2 = 0.09922,\quad F = 4.6349$$

选择模型检验和参数检验都通过，且修正可决系数值 $\bar{R}^2 = 0.9906$ 为最大的解释变量 X_3 所对应的简单回归方程为基本回归方程：

$$\hat{Y}_t = -1432.229+3.2059X_{3t}$$

增加一个解释变量，得到二元回归方程的回归分析结果为（括号内为参数估计值的 t 检验值）：

表 4.8.3 **表 4.8 二元回归结果**

	X1	X2	X3	X4	X5	X6	$\bar{R}^2$
X3,X1	(−4.682)		(20.356)				0.99432
X3,X2		(−0.0081)	(6.2919)				0.99030
X3,X4			(52.311)	(−4.5011)			0.99413
X3,X5			(11.391)		(−2.331)		0.99175
X3,X6			(61.176)			(−2.892)	0.99236

从上表中看到，除了建筑业 X_3 增加值外，其他解释变量所对应的偏回归系数的估计值的符号皆为负的，且只有受灾面积 X_6 的参数估计值符号为负的符合经济意义，其他都不合理。所以选择回归方程为

$$\hat{Y}_t = 7178.472 + 3.1589X_{3t} - 0.1825X_{6t}$$

继续增加一个解释变量，得到三元回归方程的回归分析结果为（括号内为参数估计值的 t 检验值）：

表 4.8.4　　　　表 4.8 三元回归结果

	X1	X2	X3	X4	X5	X6	R^2
X3,X6,X1	(−3.8031)		(18.213)			(−1.752)	0.99467
X3,X6,X2		(0.3492)	(6.4428)			(−2.872)	0.99214
X3,X6,X4			(43.725)	(−3.387)		(−1.359)	0.99429
X3,X6,X5			(10.354)		(−1.563)	(−2.248)	0.99270

从上表看出，只有工业增加值 X_2 和建筑业 X_3 的参数估计值符号为正的，其他都是负的，除了受灾面积 X_6 外，其他变量的参数估计值为负的对财政收入 Y 的影响都不符合实际经济意义。但是，工业增加值 X_2 的参数估计值的 t 检验不显著。所以，没有新的解释变量可以增加。

第五章

异 方 差

本章学习目的：掌握异方差的概念、产生原因、后果、检测方法和补救方法。了解什么是加权最小二乘法 WLS，以及模型变换。

本章学习重点：清楚异方差的研究思想，即用函数关系来体现变量，用残差平方来代替方差；掌握异方差的检验方法，即戈德菲尔德–夸特检验、怀特检验和 ARCH 检验；掌握异方差的补救方法，即模型变换。了解上述方法中 EViews 6.0 软件的使用。

一般检测与补救步骤：

（1）戈德菲尔德–夸特检验、怀特检验和 ARCH 检验（适用于时间序列）。选择原回归方程 Equation：EQ01→View→Residual Test→Heteroskedasticity Tests 进入对话框，选择 White（Included White cross terms），或选择 ARCH，滞后期选择 1 或 2。

（2）补救方法就是采用加权最小二乘法（WLS），选择权数：

$1/X$，或 $1/X^2$，或 $1/\sqrt{X_i}$

本例选择权数：1/X

操作过程为：Quick→Estimate Equation 进入对话框，选择 Specification 键入“Y C X”，同时选择 Options 进入对话框，并选择 Weighted LS，键入权数 1/X。

5.1　随机干扰项 u_i 的异方差性可以看成与某个解释变量 X_i 之间的函数关系即

$$\sigma_i^2 = F(X_i) = \sigma^2 f(X_i)$$

请问：

（1）这样做的理由是什么？

（2）在异方差的检验中，是否也体现出这种利用函数关系的思想呢？

答：（1）当异方差不为常数的时候，即为变量，自然可以看作为某个解释变量的函数。

（2）是的，在异方差检验中，也是利用了残差的绝对值或残差的平方来替代随机变量的方差，从而假设残差存在某种函数关系，由此可以判断异方差性。

5.2 请问：产生异方差的原因是什么？

答：（1）截面数据中总体各单位的差异较大。一般来说，截面数据所产生的差异可能大于同一对象不同时间的时间序列数据所产生的差异。

（2）模型设定误差。模型设定误差主要包括两种情况，一是解释变量的选择问题；二是模型的数学形式的确定问题。第一种情况下，由于模型剔除了重要的解释变量往往导致异方差。第二种情况下，模型设定错误，比如，把非线性关系设定为线性关系很可能导致异方差。

（3）观测误差。观测误差主要包括三种情况，一是随着观测范围的增大，误差也增大；二是随着观测技术的提高，误差减小；三是出现了异常观测数据。

（4）人类自身的行为规律和社会经济原因导致异方差性。比如：① 误差学习模型（Error-learning Models），人们在学习过程中，其行为误差或错误次数随着时间的增加而减少。② 自主决定支配收入原则（Discretionary Income）。随着收入的增加，人们对收入支配就会有更大的选择范围。③ 偏态分布（Skewness of Distribution）。例如，收入、财富和教育等经济变量出现分布偏态，即在大多数社会中收入和财富分配都是不匀称的，处在顶端的少数人拥有了大部分的收入和财富，参见教材 P.112。

5.3 请问：如果模型存在异方差性，其后果是什么？OLS 估计量是否还是 BLUE？

答：OLS 估计量仍然具有线性性和无偏性，但不再具有有效性；在异方差的情况下，构造出来的统计量不再服从 t 分布和 F 分布，因此，t 检验和 F 检验都会失效。同样，使用 OLS 估计量将会导致预测区间偏大或偏小，预测功能失效。

5.4 表 5.7 给出了一个 30 户家庭的消费（Y）与收入（X）数据。根据表中数据构建家庭消费与收入之间关系的简单线性回归模型：$Y_i = \beta_1 + \beta_2 X_{2i} + u_i$。

要求：

（1）用 Goldfeld-Quandt 检验和 White 检验对简单线性回归模型进行异方差性检验。

（2）选用适当方法修正异方差，并给出修正后的模型。

表 5.7　　假想消费（Y）与收入（X）数据　　单位：美元

Y	X	Y	X	Y	X
55	80	74	105	152	220
65	100	110	160	144	210
70	85	113	150	175	245
80	110	125	165	180	260
79	120	108	145	135	190
84	115	115	180	140	205
98	130	140	225	178	265
95	140	120	200	191	270
90	125	145	240	137	230
75	90	130	185	189	250

数据来源：古扎拉蒂. 计量经济学基础：上册[M]. 第五版. 北京：中国人民大学出版社，2011：383.

解：（1）Goldfeld-Quandt 检验：先按照 X 从小到大进行排序，然后去掉中间的 4 个观测值，将样本分为两部分，容量为 $n_1 = n_2 = 13$。回归结果如下：

表 5.7.1　　表 5.7 第一个子样本回归结果

Dependent Variable: Y
Method: Least Squares
Date: 08/05/13　　Time: 05:04
Sample: 1 13
Included observations: 13

Variable	Coefficient	Std. Error	t-Statistic	Prob.
C	3.409429	8.704924	0.391667	0.7028
X	0.696774	0.074366	9.369531	0.0000
R-squared	0.888651	Mean dependent var		83.5385
Adjusted R-squared	0.878528	S.D. dependent var		16.8009
S.E. of regression	5.855582	Akaike info criterion		6.5133
Sum squared resid	377.1663	Schwarz criterion		6.6002
Log likelihood	–40.33649	Hannan-Quinn criter.		6.4954
F-statistic	87.7881	Durbin-Watson stat		2.1235
Prob(F-statistic)	0.000001			

表 5.7.2　　　　表 5.7 第二个子样本回归结果

Dependent Variable: Y
Method: Least Squares
Date: 08/05/13　　Time: 05:13
Sample: 18 30
Included observations: 13

Variable	Coefficient	Std. Error	t-Statistic	Prob.
C	−28.02717	30.64214	−0.914661	0.3800
X	0.794137	0.131582	6.035307	0.0001
R-squared	0.768054	Mean dependent var		155.8462
Adjusted R-squared	0.746969	S.D. dependent var		23.4977
S.E. of regression	11.81986	Akaike info criterion		7.9181
Sum squared resid	1536.8	Schwarz criterion		8.0050
Log likelihood	−49.4675	Hannan-Quinn criter.		7.9002
F-statistic	36.42493	Durbin-Watson stat		1.4766
Prob(F-statistic)	0.000085			

给定 $\alpha=0.05$，查 F 分布表得临界值为 $F_{0.05}(11,11)=2.82$，

$F=\dfrac{RSS_2}{RSS_1}=\dfrac{1536.8}{377.17}=4.0746>F_{0.05}(11,11)=2.82$，从而拒绝原假设，即模型存在异方差。

注意：当给定 $\alpha=0.01$，$F_{0.01}(11,11)=4.54$，因此，不能拒绝同方差假定。

White 检验：对原模型做 OLS 回归，并在回归模型窗口内，选择 View→Residual tests→heteroscedasticity tests→White→include White cross terms（打 √）。

表 5.7.3　　　　表 5.7 White 检验结果

Heteroskedasticity Test: White			
F-statistic	2.917301	Prob. F(2,27)	0.0713
Obs*R-squared	5.330902	Prob. Chi-Square(2)	0.0696
Scaled explained SS	4.592566	Prob. Chi-Square(2)	0.1006
Test Equation:			

Dependent Variable: RESID^2
Method: Least Squares
Date: 08/05/13　　Time: 06:37
Sample: 1 30
Included observations: 30

Variable	Coefficient	Std. Error	t-Statistic	Prob.
C	−12.29621	191.7731	−0.064119	0.9493
X	0.197385	2.36876	0.083329	0.9342
X^2	0.0017	0.006707	0.253503	0.8018
R-squared	0.177697	Mean dependent var		78.70511
Adjusted R-squared	0.116785	S.D. dependent var		112.5823
S.E. of regression	105.8043	Akaike info criterion		12.2557
Sum squared resid	302252.7	Schwarz criterion		12.39582
Log likelihood	−180.8355	Hannan-Quinn criter.		12.30052
F-statistic	2.917301	Durbin-Watson stat		1.856573
Prob(F-statistic)	0.071274			

在 $\alpha = 0.05$ 条件下，$nR^2 = 5.330902 < \chi^2_{0.05}(2) = 5.9915$，说明 White 检验不能检验模型异方差性。

（2）取权数 $w = 1/X$，得到修正模型为：

$$\hat{Y}_i = 10.279 + 0.6318X_i$$
$$t = (2.717)\quad(23.703)$$

表 5.7.4　　　　　　　　**表 5.7 修正模型回归结果**

Dependent Variable: Y
Method: Least Squares
Date: 08/06/13　　Time: 07:06
Sample: 1 30
Included observations: 30
Weighting series: 1/X

Variable	Coefficient	Std. Error	t-Statistic	Prob.
C	10.27903	3.782728	2.717358	0.0112
X	0.63187	0.026657	23.70341	0.0000
Weighted Statistics				
R-squared	0.95253	Mean dependent var		106.2583
Adjusted R-squared	0.950835	S.D. dependent var		8.739846
S.E. of regression	7.912234	Akaike info criterion		7.039038
Sum squared resid	1752.896	Schwarz criterion		7.132451
Log likelihood	−103.5856	Hannan-Quinn criter.		7.068922
F-statistic	561.8517	Durbin-Watson stat		1.906046
Prob(F-statistic)	0.00000			
Unweighted Statistics				
R-squared	0.946556	Mean dependent var		119.7333
Adjusted R-squared	0.944647	S.D. dependent var		39.06134
S.E. of regression	9.190044	Sum squared resid		2364.793
Durbin-Watson stat	1.585596			

5.5　请对习题 2.10 建立的国际旅游收入对入境旅游人数的简单线性模型进行异方差性检验。

解：由表 2.15 的数据得 OLS 回归模型：

$$\hat{Y}_i = 8.306887 + 0.117382X_i$$

White 检验：

表 2.15.3　　　　表 2.15 white 检验结果

Heteroskedasticity Test: White

F-statistic	5.514648	Prob. F(2,37)	0.008
Obs*R-squared	9.185473	Prob. Chi-Square(2)	0.0101
Scaled explained SS	74.53093	Prob. Chi-Square(2)	0

Test Equation:
Dependent Variable: RESID^2
Method: Least Squares
Date: 08/05/13　　Time: 07:09
Sample: 1 40

Variable	Coefficient	Std. Error	t-Statistic	Prob.
C	−9744.314	25425.68	−0.383247	0.7037
X	16.0305	26.3304	0.608821	0.5464
X^2	0.002048	0.004043	0.50666	0.6154

R-squared	0.229637	Mean dependent var	25078.83
Adjusted R-squared	0.187996	S.D. dependent var	107699.6
S.E. of regression	97049.46	Akaike info criterion	25.87587
Sum squared resid	3.48E+11	Schwarz criterion	26.00253
Log likelihood	−514.5173	Hannan-Quinn criter.	25.92167
F-statistic	5.514648	Durbin-Watson stat	1.968132
Prob(F-statistic)	0.008014		

在 $\alpha=0.05$ 条件下，$\chi^2_{0.05}(2)=5.9915$，$nR^2=9.185473>\chi^2_{0.05}(2)=5.9915$，所以，拒绝原假设，即模型存在异方差。

Goldfeld-Quandt 检验：先按照入境旅游人数进行排序，然后去掉中间 8 个观测值，将样本分成两部分，每部分样本容量为 $n_1=n_2=16$，对子样本分别做 OLS 回归得：

表 2.15.4　　　　表 2.15 第一个子样本回归结果

Dependent Variable: Y
Method: Least Squares
Date: 08/05/13　Time: 07:25
Sample: 1 16
Included observations: 16

Variable	Coefficient	Std. Error	t-Statistic	Prob.
C	−22.89976	21.44566	−1.067804	0.3037
X	0.267187	0.070091	3.812001	0.0019

R-squared	0.509312	Mean dependent var	43.3125
Adjusted R-squared	0.474263	S.D. dependent var	69.39137
S.E. of regression	50.31413	Akaike info criterion	10.79092
Sum squared resid	35441.16	Schwarz criterion	10.88749
Log likelihood	−84.32734	Hannan-Quinn criter.	10.79586
F-statistic	14.53135	Durbin-Watson stat	0.793234
Prob(F-statistic)	0.001905		

表 2.15.5 表 2.15 第二个子样本回归结果

Dependent Variable: Y
Method: Least Squares
Date: 08/05/13 Time: 07:27
Sample: 25 40
Included observations: 16

Variable	Coefficient	Std. Error	t-Statistic	Prob.
C	−28.1346	126.0899	−0.223131	0.8267
X	0.125125	0.035141	3.560627	0.0031
R-squared	0.475224	Mean dependent var		357
Adjusted R-squared	0.43774	S.D. dependent var		345.6738
S.E. of regression	259.2	Akaike info criterion		14.06955
Sum squared resid	940584.8	Schwarz criterion		14.16612
Log likelihood	−110.5564	Hannan-Quinn criter.		14.07449
F-statistic	12.67807	Durbin-Watson stat		2.511133
Prob(F-statistic)	0.003134			

给定 $\alpha = 0.05$ 的条件下，查 F 分布表得临界值 $F_{0.05}(14,14) = 2.48$，

$F = \dfrac{RSS_2}{RSS_1} = \dfrac{940584.8}{35441.16} = 26.5393 > F_{0.05}(14,14) = 2.48$。所以，拒绝原假设，即模型存在异方差。

5.6 表 5.8 给出 2011 年中国城乡居民人民币储蓄存款年底余额与生产总值的数据（单位：亿元）。请建立城乡居民储蓄 *Y* 与生产总值 *X* 的回归模型，并检验是否存在异方差，如果存在异方差，采用适当的方法进行修正。

表 5.8 **2011 年中国城乡居民储蓄与生产总值数据** 单位：亿元

地区	居民储蓄 *Y*（年底余额）	地区生产总值 *X*	地区	居民储蓄 *Y*（年底余额）	地区生产总值 *X*
北京	19126.1	16251.9	湖北	11291.6	19632.3
天津	6123.1	11307.3	湖南	10584.8	19669.6
河北	17824.3	24515.8	广东	40405.1	53210.3
山西	10455.5	11237.6	广西	6654.0	11720.9
内蒙古	5423.1	14359.9	海南	1875.1	2522.7
辽宁	15365.7	22226.7	重庆	6990.2	10011.4
吉林	5835.3	10568.8	四川	16147.3	21026.7
黑龙江	8147.4	12582.0	贵州	3934.5	5701.8
上海	17288.5	19195.7	云南	6656.0	8893.1
江苏	25914.7	49110.3	西藏	318.8	605.8
浙江	23470.3	32318.9	陕西	9172.1	12512.3
安徽	9233.6	15300.7	甘肃	4231.4	5020.4
福建	9068.6	17560.2	青海	1043.5	1670.4
江西	7123.6	11702.8	宁夏	1351.3	2102.2
山东	22173.3	45361.9	新疆	4421.9	6610.1
河南	14648.4	26931.0			

资料来源：中国统计年鉴. 2012. http://www.stats.gov.cn/tjsj/ndsj/2012/indexch.htm.

解：对模型 OLS 回归的结果为：$\hat{Y}_i = 669.0817 + 0.6167X_i$

G-Q 检验：按 X 递增次序排序，去掉中间 $c = 5$ 个数据，将剩余数据分成两部分，每部分样本容量各为 $n_1 = n_2 = (n-c)/2 = 13$。分别进行 OLS 回归结果为：

表 5.8.1　　**表 5.8 第一个子样本回归结果**

Sample: 1 13

Included observations: 13

Variable	Coefficient	Std. Error	t-Statistic	Prob.
C	130.823	620.3151	0.210898	0.8368
X	0.666932	0.079201	8.420753	0.0000
R-squared	0.865705	Mean dependent var		4643.097
Adjusted R-squared	0.853496	S.D. dependent var		2943.688
S.E. of regression	1126.721	Akaike info criterion		17.03265
Sum squared resid	13964504	Schwarz criterion		17.11956
Log likelihood	−108.7122	Hannan-Quinn criter.		17.01478
F-statistic	70.90909	Durbin-Watson stat		2.954825
Prob(F-statistic)	0.000004			

表 5.8.2　　**表 5.8 第二个子样本回归结果**

Sample: 19 31

Included observations: 13

Variable	Coefficient	Std. Error	t-Statistic	Prob.
C	3412.27	3197.814	1.067063	0.3088
X	0.54208	0.103872	5.218704	0.0003
R-squared	0.712305	Mean dependent var		18716.05
Adjusted R-squared	0.68615	S.D. dependent var		8208.089
S.E. of regression	4598.359	Akaike info criterion		19.84542
Sum squared resid	2.33E+08	Schwarz criterion		19.93234
Log likelihood	−126.9953	Hannan-Quinn criter.		19.82756
F-statistic	27.23487	Durbin-Watson stat		2.211111
Prob(F-statistic)	0.000286			

给定 $\alpha = 0.05$ 条件下，查 F 分布表得临界值为 $F_{0.05}(11,11) = 2.82$，

$F = \dfrac{RSS_2}{RSS_1} = \dfrac{2.33E+08}{13964504} = 16.69 > F_{0.05}(11,11) = 2.82$，所以，拒绝原假设，即模型存在异方差。

White 检验：

表 5.8.3　　表 5.8 White 检验结果

Heteroskedasticity Test: White

F-statistic	8.048169	Prob. F(2,28)		0.0017
Obs*R-squared	11.31583	Prob. Chi-Square(2)		0.0035
Scaled explained SS	15.81032	Prob. Chi-Square(2)		0.0004

Test Equation:
Dependent Variable: RESID^2
Method: Least Squares
Date: 08/06/13　Time: 05:32
Sample: 1 31
Included observations: 31

Variable	Coefficient	Std. Error	t-Statistic	Prob.
C	336965.8	6205462	0.054301	0.9571
X	277.4216	623.2105	0.445149	0.6596
X^2	0.00917	0.011648	0.787274	0.4377

R-squared	0.365027	Mean dependent var	9148004
Adjusted R-squared	0.319671	S.D. dependent var	16616997
S.E. of regression	13706037	Akaike info criterion	35.79634
Sum squared resid	5.26E+15	Schwarz criterion	35.93511
Log likelihood	−551.8432	Hannan-Quinn criter.	35.84157
F-statistic	8.048169	Durbin-Watson stat	2.236154
Prob(F-statistic)	0.001732		

在 $\alpha=0.05$ 条件下，$\chi^2_{0.05}(2)=5.9915$，$nR^2=11.31583>\chi^2_{0.05}(2)=5.9915$。所以，拒绝原假设，模型存在异方差。

实际上，我们从残差平方散点图上可以看出，出现异方差的主要原因是北京地区的方差过大，因此，异方差性是个别数据异常造成的。

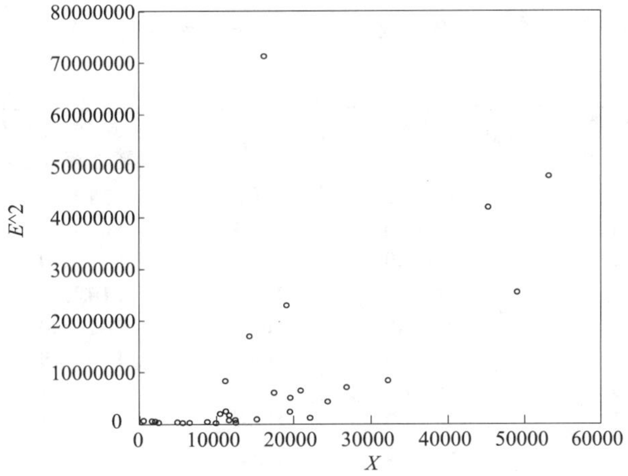

图 5.8.1　表 5.8 散点图

取权数 $w=1/X$，得到修正模型为：

$$\hat{Y}_i=-69.9608+0.6789X_i$$

表 5.8.4　　　　表 5.8 修正模型回归结果

Dependent Variable: Y
Method: Least Squares
Date: 08/06/13　　Time: 05:23
Sample: 1 31
Included observations: 31
Weighting series: 1/X

Variable	Coefficient	Std. Error	t-Statistic	Prob.
C	−69.96081	93.35622	−0.749396	0.4597
X	0.678913	0.032112	21.14192	0.0000
	Weighted Statistics			
R-squared	0.939073	Mean dependent var		4031.25
Adjusted R-squared	0.936972	S.D. dependent var		939.8174
S.E. of regression	946.7606	Akaike info criterion		16.60631
Sum squared resid	25994312	Schwarz criterion		16.69883
Log likelihood	−255.3978	Hannan-Quinn criter.		16.63647
F-statistic	446.981	Durbin-Watson stat		1.987077
Prob(F-statistic)	0.00000			
	Unweighted Statistics			
R-squared	0.865208	Mean dependent var		11041.9
Adjusted R-squared	0.86056	S.D. dependent var		8710.743
S.E. of regression	3252.732	Sum squared resid		3.07E+08
Durbin-Watson stat	1.993969			

5.7　表 5.9 给出了 1991—2011 年中国国民收入与城乡居民人民币储蓄存款年底增加额（亿元）等相关数据。请建立城乡居民储蓄存款增加额与国民收入的模型，并使用 **White** 检验和 **ARCH** 检验来判断该时间序列模型的异方差性。

表 5.9　　1991—2011 年中国国民收入与城乡居民储蓄存款年底增加额

单位：亿元

年份	城乡居民储蓄存款增加额（*Y*）	国民总收入（*GNI*）	年份	城乡居民储蓄存款增加额（*Y*）	国民总收入（*GNI*）
1991	2125.3	21826.2	2002	13148.2	119095.7
1992	2512.4	26937.3	2003	16707.0	134977.0
1993	3446.2	35260.0	2004	15937.7	159453.6
1994	6315.3	48108.5	2005	21495.6	183617.4
1995	8143.5	59810.5	2006	20544.0	215904.4
1996	8858.6	70142.5	2007	10946.9	266422.0
1997	7759.0	78060.9	2008	45351.2	316030.3
1998	7127.7	83024.3	2009	42886.3	340320.0
1999	6214.4	88479.2	2010	42530.8	399759.5
2000	4710.6	98000.5	2011	41656.6	472115.0
2001	9430.1	108068.2			

资料来源：中国统计年鉴. 2012. http://www.stats.gov.cn/tjsj/ndsj/2012/indexch.htm.

解：回归结果为：

$$\hat{Y}_t = -220.2901 + 0.102987GNI_t$$

$$t = (-0.1107) \quad (10.4885)$$

$$R^2 = 0.8527,\quad F = 110.0087,\quad n = 21$$

从估计的结果看，各项检验指标均显著，但从残差平方对解释变量的散点图看，模型很可能存在异方差。

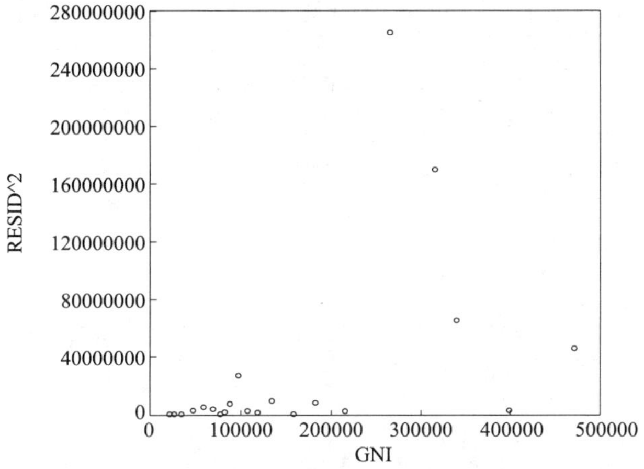

图 5.9.1　表 5.9 散点图

（1）用 White 检验来判断模型是否存在异方差：

表 5.9.1　　表 5.9 White 检验结果

Heteroskedasticity Test: White				
F-statistic	3.768049	Prob. F(2,18)		0.0430
Obs*R-squared	6.197425	Prob. Chi-Square(2)		0.0451
Scaled explained SS	12.35801	Prob. Chi-Square(2)		0.0021
Test Equation:				
Dependent Variable: RESID^2				
Method: Least Squares				
Date: 08/06/13 Time: 23:59				
Sample: 1991 2011				
Included observations: 21				
Variable	Coefficient	Std. Error	t-Statistic	Prob.
C	−45527629	32759243	−1.389764	0.1816
GNI	796.9351	393.4876	2.025312	0.0579
GNI^2	−0.001249	0.000844	−1.480244	0.1561
R-squared	0.295115	Mean dependent var		29335520
Adjusted R-squared	0.216795	S.D. dependent var		66349515
S.E. of regression	58718573	Akaike info criterion		38.74597
Sum squared resid	6.21E+16	Schwarz criterion		38.89519
Log likelihood	−403.8327	Hannan-Quinn criter.		38.77836
F-statistic	3.768049	Durbin-Watson stat		1.507851
Prob(F-statistic)	0.04296			

由上表可知，$nR^2=6.197425$，给定 $\alpha=0.05$，自由度为 2，查 χ^2 分布表，得临界值为 $\chi^2_{0.05}(2)=5.9915$。

由 $nR^2=6.197425>\chi^2_{0.05}(2)=5.9915$，因此，拒绝原假设，即模型存在异方差。

（2）用 ARCH 检验判断模型是否存在异方差：选滞后阶数为 1，则 ARCH 检验结果见下表：

表 5.9.2　　　　表 5.9 ARCH 检验结果

Heteroskedasticity Test: ARCH				
F-statistic	4.618849	Prob. F(1,18)		0.0455
Obs*R-squared	4.084070	Prob. Chi-Square(1)		0.0433
Test Equation:				
Dependent Variable: RESID^2				
Method: Least Squares				
Date: 08/06/13　Time: 23:43				
Sample (adjusted): 1992 2011				
Included observations: 20 after adjustments				
Variable	Coefficient	Std. Error	t-Statistic	Prob.
C	17956720	15111391	1.18829	0.2502
RESID^2(−1)	0.450267	0.209509	2.149151	0.0455
R-squared	0.204204	Mean dependent var		30801817
Adjusted R-squared	0.159993	S.D. dependent var		67723179
S.E. of regression	62069592	Akaike info criterion		38.82005
Sum squared resid	6.93E+16	Schwarz criterion		38.91962
Log likelihood	−386.2005	Hannan-Quinn criter.		38.83949
F-statistic	4.618849	Durbin-Watson stat		1.830384
Prob(F-statistic)	0.045473			

由上表可知，$(n-p)R^2=4.08407$，给定 $\alpha=0.05$，自由度为 1，查 χ^2 分布表，得临界值为 $\chi^2_{0.05}(1)=3.8415$。显然，$(n-p)R^2=4.08407>\chi^2_{0.05}(1)=3.8415$，说明模型中随机误差项存在异方差。

取权数 $w=1/\sqrt{GNI}$，对模型的异方差进行修正：$\hat{Y}_t=-67.92656+0.102025GNI_t$

表 5.9.3　　　　**表 5.9 修正模型回归结果**

Dependent Variable: Y
Method: Least Squares
Date: 08/07/13　Time: 01:23
Sample: 1991 2011
Included observations: 21
Weighting series: 1/SQR(GNI)

Variable	Coefficient	Std. Error	t-Statistic	Prob.
C	−67.92656	1000.879	−0.067867	0.9466
GNI	0.102025	0.00894	11.41224	0.0000
		Weighted Statistics		
R-squared	0.872688	Mean dependent var		11441.56
Adjusted R-squared	0.865987	S.D. dependent var		6045.169
S.E. of regression	3543.029	Akaike info criterion		19.27374
Sum squared resid	2.39E+08	Schwarz criterion		19.37322
Log likelihood	−200.3743	Hannan-Quinn criter.		19.29533
F-statistic	130.2392	Durbin-Watson stat		1.908821
Prob(F-statistic)	0.00000			
		Unweighted Statistics		
R-squared	0.852649	Mean dependent var		16087.97
Adjusted R-squared	0.844893	S.D. dependent var		14461.86
S.E. of regression	5695.6	Sum squared resid		6.16E+08
Durbin-Watson stat	2.094545			

第六章

自　相　关

本章学习目的：掌握自相关的定义、产生原因、后果、检测方法和补救方法。了解广义最小二乘法 GLS，广义差分法以及科克伦–奥克特迭代法。了解德宾两步法对模型进行估计。

本章学习重点：掌握一阶自回归形式的 *DW* 检验以及适用的前提取条件；掌握高阶自回归形式的拉格朗日检验，即 LM 检验或 BG 检验。熟悉利用 EViews 软件进行自相关补救，即科克伦–奥克特迭代法与广义差分法的结合使用。

一般检测与补救步骤：

（1）用 OLS 方法建立原回归模型；

（2）*DW* 检验或拉格朗日检验，即 LM 检验或 BG 检验（不通过）；

（3）用残差 e 估计相关系数 ρ (OLS)；

EViews 下，选择 Quick→Series Generate，设 E=(resid)，键入命令：E E(–1)（没有截距项 C），得相关系数估计值 ρ；

（4）利用相关系数估计值 ρ 建立差分方程，即 GLS；

键入命令：Y-ρ *Y(–1)　C　X-ρ *X(–1)；

（5）*DW* 检验，通过（无自相关）。计算 $\beta_1=\beta_1^*/(1-\rho)$，得修正回归模型。如果还存在自相关，继续迭代直到检验合格为止。

6.1　请问：产生随机干扰项自相关的原因是什么？

答：（1）惯性（Inertia）。例如，GDP、价格指数、就业等时间序列都呈现出一定的周期性，这些经济时间序列其原有的势头都会持续一段时间。这种“内在的动力”惯性往往产生序列自相关。

（2）滞后效应（Lag Effect）。例如，居民的可支配收入可能对本期影响不大，但会在后期逐渐产生影响。人们的消费习惯不会轻易改变，从而对模型产生自相关性。

（3）模型设定偏误（Specification Error）。与异方差产生的原因类似，模型设定偏误，也分两种情形：一是应含而未含变量（Excluded Variable）设定偏误；二是不正确的函数形式。

（4）蛛网现象（Cobweb Phenomenon）。许多农产品的供给反映出一种所谓的蛛网现象。供给对价格的反应要滞后一个时期，因为供给需要经过一段时间才能实现。此类现象会导致模型产生自相关性。

（5）数据的“编造”。在数据的使用中，有些数据是通过已知数据生成的，即原始数据往往是经过“编造的”。例如，季度数据的使用是通过月度数据的简单平均获得，这种简单平均的计算减弱了每月数据的波动性而使数据更加匀滑，这种匀滑本身就能使随机干扰项中出现系统性模式，从而导致自相关。另外，数据处理的**内插**（Interpolation）或**外推**（Extrapolation）技术也会导致随机干扰项的自相关。

产生序列自相关的原因还有模型差分形式变换、时间序列非平稳性等。总之，有很多原因导致回归模型中的随机误差项自相关，参见教材 P.130—P.131。

6.2　请问：*DW* 检验的前提条件是什么？

答：（1）解释变量 X 是非随机的；

（2）随机干扰项为一阶自回归形式：$u_t = \rho u_{t-1} + v_t$

（3）回归模型中不含有滞后被解释变量作为解释变量，即不应有下列形式：

$$Y_t = \beta_1 + \beta_2 X_{2t} + \beta_3 X_{3t} + \cdots + \beta_k X_{kt} + \gamma Y_{t-1} + u_t$$

（4）回归模型含有截距系数；

（5）数据无缺失项。

6.3　请问：如果模型存在自相关性，其后果是什么？OLS 估计量是否还是 BLUE？

答：OLS 估计量仍然具有线性性和无偏性，但不再具有有效性。当存在自相关时，仍然使用 OLS 估计量去估计参数及其方差会低估真实的 σ^2，低估真实的参数估计量的方差。因此，会过高估计 t 统计量，夸大参数检验的显著性，从而把不重要的解释变量保留在模型里，使模型显著性 t 检验失去意义。

在方差出现偏误的情况下，预测就不准确，置信区间也不可靠，从而降低预测精度。因此，仍用普通最小二乘法得到的回归方程去预测，预测功能将失效。

6.4　Jaime Diaz 发表在《体育画报》上面的一篇论文，研究了美国职业高尔夫球协会巡回赛中不同距离的推杆次数。论文中建立了推杆进洞次数百分比（P_i）关于推杆距离（L_i）的回归函数为①

① Jaime Diaz. Perils of Putting[J]. Sports Illustrated, April 3, 1989: 76-79.

$$P_i = 83.6 - 4.1L_i$$
$$se = \quad (0.4)$$
$$t = \quad (-10.6)$$
$$\bar{R}^2 = 0.861 \quad DW = 0.48 \quad n = 19$$

（1）请用德宾–沃森检验法检验模型是否存在序列相关性（1%显著性水平）。

（2）如果现在采用双对数函数形式重新估计，并得到如下模型：

$$\ln P_i = 5.50 - 0.92\ln L_i$$
$$se = \quad (0.07)$$
$$t = \quad (-13.0)$$
$$\bar{R}^2 = 0.903 \quad DW = 1.22 \quad n = 19$$

请在1%显著性水平下，用德宾–沃森检验法检验模型是否存在序列相关性。

解：（1）查 DW 表得 d_L=0.928，d_U=1.132，DW=0.48＜ d_L=0.928。表明模型存在正序列相关。

（2）查 DW 表得 d_L=0.928，d_U=1.132，DW=1.22＞ d_U=1.132。表明模型不存在序列相关。

6.5 根据第一章表1.1中的数据的回归结果（见第二章例2.4中表2.8），检验回归模型的序列相关性（5%显著水平），如果存在序列相关，请采用适当方法对模型进行修正。

解：（1）自相关检验

由表2.8得回归结果为

$$\hat{Y}_t = 374.6882 + 0.3503X_t$$
$$se = (68.896) \quad (0.0057)$$
$$t = (5.4385) \quad (61.4705)$$
$$R^2 = 0.9916, \ F = 3778.627, \ DW = 0.1088, \ n = 34$$

在5%显著性水平下，n = 34，k'=1，查 DW 表得，d_L=1.393，d_U=1.514。而 DW= 0.1088＜ d_L=1.393，因此，存在正自相关。

（2）采用广义差分法对模型进行修正

先生成残差序列：Generate Series 键入 E=(RESID)，然后建立滞后一期残差估计模型，键入命令 E E(–1)。（注意该命令没有截距项C。）

表 1.1.1　　　　表 1.1 残差一阶自回归结果

Dependent Variable: E
Method: Least Squares
Date: 08/10/13　　Time: 09:53
Sample (adjusted): 1979 2011
Included observations: 33 after adjustments

Variable	Coefficient	Std. Error	t-Statistic	Prob.
E(−1)	0.955988	0.059686	16.01687	0.0000
R-squared	0.888974	Mean dependent var		9.823191
Adjusted R-squared	0.888974	S.D. dependent var		299.27
S.E. of regression	99.7186	Akaike info criterion		12.07242
Sum squared resid	318201.6	Schwarz criterion		12.11776
Log likelihood	−198.1949	Hannan-Quinn criter.		12.08767
Durbin-Watson stat	1.484809			

由上述回归结果得

$$\hat{e}_t = 0.956e_{t-1}$$

即可以得到相关系数的第一估计值：

$$\hat{\rho}=0.956$$

得广义差分方程

$$Y_t - 0.956Y_{t-1} = \beta_1(1-0.956) + \beta_2(X_t - 0.956X_{t-1}) + v_t$$

建立 OLS 估计模型，键入命令 Y−0.956*Y(−1) C X−0.956*X(−1)【别忘记乘积符号*】

表 1.1.2　　　　表 1.1 广义差分回归结果

Dependent Variable: Y−0.956*Y(−1)
Method: Least Squares
Date: 08/10/13　　Time: 09:56
Sample (adjusted): 1979 2011
Included observations: 33 after adjustments

Variable	Coefficient	Std. Error	t-Statistic	Prob.
C	62.46477	18.22538	3.427351	0.0017
X−0.956*X(−1)	0.314755	0.00848	37.11564	0.0000
R-squared	0.977992	Mean dependent var		491.9524
Adjusted R-squared	0.977282	S.D. dependent var		536.6504
S.E. of regression	80.8867	Akaike info criterion		11.68267
Sum squared resid	202822.4	Schwarz criterion		11.77336
Log likelihood	−190.764	Hannan-Quinn criter.		11.71318
F-statistic	1377.571	Durbin-Watson stat		1.80917
Prob(F-statistic)	0.00000			

回归结果可以写成下列形式：

$$\hat{Y}_t^* = 62.4648 + 0.3148X_t^*$$

$$SE = (18.225) \quad (0.0848)$$

$$t = (3.427) \quad (37.116)$$

$$R^2 = 0.978, F = 1377.571, DW = 1.80917, n = 33$$

查 5%显著水平的 DW 统计表可知，$d_L = 1.383$，$d_U = 1.508$，而 $DW = 1.80917 > d_U = 1.508$。说明广义差分模型中已无自相关。同时，判定系数 R^2、t、F 统计量均达到理想水平。

由 $\hat{\beta}_1^* = \hat{\beta}_1(1-\hat{\rho}), \hat{\beta}_2^* = \hat{\beta}_2$ 得，

$$\hat{\beta}_1 = \frac{62.4648}{1-0.956} = 1419.6545$$

最终消费模型为

$$\hat{Y}_t = 1419.6545 + 0.3148X_t$$

6.6 表 6.5 给出了美国 1960—2005 年人均真实工资与人均生产率指数数据，这些指数是以 1992 年为基年的（取值为 100）。

表 6.5　　1960—2005 年美国人均真实工资与人均生产率指数

年份	Y	X	年份	Y	X
1960	60.8	48.9	1983	90.3	83
1961	62.5	50.6	1984	90.7	85.2
1962	64.6	52.9	1985	92	87.1
1963	66.1	55	1986	94.9	89.7
1964	67.7	56.8	1987	95.2	90.1
1965	69.1	58.8	1988	96.5	91.5
1966	71.7	61.2	1989	95	92.4
1967	73.5	62.5	1990	96.2	94.4
1968	76.2	64.7	1991	97.4	95.9
1969	77.3	65	1992	100	100
1970	78.8	66.3	1993	99.7	100.4
1971	80.2	69	1994	99	101.3
1972	82.6	71.2	1995	98.7	101.5
1973	84.3	73.4	1996	99.4	104.5
1974	83.3	72.3	1997	100.5	106.5
1975	84.1	74.8	1998	105.2	109.5
1976	86.4	77.1	1999	108	112.8
1977	87.6	78.5	2000	112	116.1
1978	89.1	79.3	2001	113.5	119.1
1979	89.3	79.3	2002	115.7	124
1980	89.1	79.2	2003	117.7	128.7
1981	89.3	80.8	2004	119	132.7
1982	90.4	80.1	2005	120.2	135.7

注：X=商业部门每小时产出指数，Y=商业部门每小时真实工资指数，1992=100。

资料来源：Economic Report of the President, 2007, Table B-49.

（1）请用 OLS 方法估计下列真实工资与生产率指数之间的关系：

a. $Y_t = \beta_1 + \beta_2 X_t + u_t$　　　b. $\ln Y_t = \beta_1 + \beta_2 \ln X_t + u_t$

其中 **Y** 代表真实工资指数，**X** 代表生产率指数。

（2）请采用德宾–沃森检验法（*DW*）和拉格朗日乘数检验法（LM test 或 BG test）对上述模型分别进行自相关检验；

（3）如果模型存在自相关，请采用适当的方法分别对模型进行修正。

（4）根据回归分析结果，请问：你认为哪个模型更好？有什么不同的经济意义上的解释？

解：（1）模型估计。

线性模型回归结果为

$$\hat{Y}_t = 32.7419 + 0.6704X_t$$
$$se = (1.394) \quad (0.0157)$$
$$t = (23.487) \quad (42.781)$$
$$R^2 = 0.9765,\ F = 1830.242,\ DW = 0.1739,\ n = 46$$

表 6.5.1 **表 6.5 回归结果**

Dependent Variable: Y
Method: Least Squares
Date: 08/10/13 Time: 13:26
Sample: 1960 2005
Included observations: 46

Variable	Coefficient	Std. Error	t-Statistic	Prob.
C	32.7419	1.39402	23.4874	0.0000
X	0.670406	0.015671	42.78133	0.0000
R-squared	0.976524	Mean dependent var		90.45217
Adjusted R-squared	0.97599	S.D. dependent var		15.38853
S.E. of regression	2.384463	Akaike info criterion		4.61833
Sum squared resid	250.1693	Schwarz criterion		4.697836
Log likelihood	−104.2216	Hannan-Quinn criter.		4.648113
F-statistic	1830.242	Durbin-Watson stat		0.173888
Prob(F-statistic)	0.00000			

双对数模型回归结果：

$$\hat{Y}_t = 1.60668 + 0.652216X_t$$
$$se = (0.0547) \quad (0.0123)$$
$$t = (29.368) \quad (52.799)$$
$$R^2 = 0.9765,\ F = 1830.242,\ DW = 0.1739,\ n = 46$$

表 6.5.2 **表 6.5 双对数模型回归结果**

Dependent Variable: LNY
Method: Least Squares
Date: 08/10/13 Time: 13:35
Sample: 1960 2005
Included observations: 46

Variable	Coefficient	Std. Error	t-Statistic	Prob.
C	1.606680	0.054709	29.36802	0.0000
LNX	0.652216	0.012353	52.79963	0.0000
R-squared	0.984462	Mean dependent var		4.490151
Adjusted R-squared	0.984109	S.D. dependent var		0.175142
S.E. of regression	0.022078	Akaike info criterion		–4.745943
Sum squared resid	0.021448	Schwarz criterion		–4.666437
Log likelihood	111.1567	Hannan–Quinn criter.		–4.716159
F-statistic	2787.801	Durbin-Watson stat		0.217558
Prob(F-statistic)	0.000000			

（2）模型检验

DW 检验：在 5%显著性水平下，n=46，k'=1，查 *DW* 表，我们只能查到 n=45 的 *DW* 上下临界值 d_L=1.475，d_U=1.566。样本容量多一个，临界值稍微会大一点点，而 DW=0.1739<d_L=1.475；DW=0.2176<d_L=1.475 因此，存在正自相关。

拉格朗日乘数检验法(LM test)：可以直接利用 EViews 软件进行检验，也可以按照残差项的 1 阶滞后或 2 阶滞后情况，做辅助回归。

含 1 阶滞后残差项的辅助回归为

$$\hat{e}_t = 1.2569 - 0.014060X_t + 0.8954e_{t-1}$$

$$R^2 = 0.84095 \quad n = 45$$

$LM = 45 \times 0.84095 = 37.84$，给定 5%显著性水平，自由度为 1，$\chi^2$ 分布的临界值为 $\chi^2_{0.05}(1) = 3.84$，而 LM=37.84> $\chi^2_{0.05}(1) = 3.84$，由此可以判断模型存在 1 阶自相关。

表 6.5.3　　　　表 6.5　含 1 阶滞后残差项的辅助回归

Dependent Variable: E
Method: Least Squares
Date: 08/11/13　Time: 01:37
Sample (adjusted): 1961 2005
Included observations: 45 after adjustments

Variable	Coefficient	Std. Error	t-Statistic	Prob.
C	1.256952	0.564883	2.225154	0.0315
X	−0.01406	0.006305	−2.229942	0.0312
E(−1)	0.895399	0.060319	14.84443	0.0000
R-squared	0.840957	Mean dependent var		0.104994
Adjusted R-squared	0.833384	S.D. dependent var		2.273114
S.E. of regression	0.927854	Akaike info criterion		2.752455
Sum squared resid	36.15834	Schwarz criterion		2.8729
Log likelihood	−58.93025	Hannan-Quinn criter.		2.797356
F-statistic	111.0401	Durbin-Watson stat		1.692846
Prob(F-statistic)	0.00000			

直接利用 EViews 软件来判断：操作顺序：在 Equation 窗口，选择 View → Residual Tests → Serial correlation LM test，在弹出窗口 Lag Specification 中的 Lags to include 输入 1 → OK。

表 6.5.4　　　　表 6.5 LM 检验结果

Breusch-Godfrey Serial Correlation LM Test:

F-statistic	130.7825	Prob. F(1,43)	0.0000
Obs*R-squared	34.61796	Prob. Chi-Square(1)	0.0000

Test Equation:
Dependent Variable: RESID
Method: Least Squares
Date: 08/11/13　Time: 02:06
Sample: 1960 2005
Included observations: 46
Presample missing value lagged residuals set to zero.

Variable	Coefficient	Std. Error	t-Statistic	Prob.
C	0.408402	0.702352	0.581478	0.5640
X	−0.005536	0.0079	−0.700799	0.4872
RESID(−1)	0.891946	0.077994	11.43602	0.0000
R-squared	0.752564	Mean dependent var		1.27E−14
Adjusted R-squared	0.741056	S.D. dependent var		2.35782
S.E. of regression	1.199814	Akaike info criterion		3.265204
Sum squared resid	61.90082	Schwarz criterion		3.384463
Log likelihood	−72.09969	Hannan-Quinn criter.		3.309879
F-statistic	65.39124	Durbin-Watson stat		1.356717
Prob(F-statistic)	0.00000			

含 2 阶滞后残差项的辅助回归为

$$\hat{e}_t = 1.1416 - 0.0127X_t + 1.04064e_{t-1} - 0.1665e_{t-2}$$
$$t = (1.8417)\ (-1.8461)\ (6.6811)\ (-1.1006)$$
$$R^2 = 0.8331 \quad n = 44$$

$LM = 44\times 0.8331 = 36.66$，给定 5%显著性水平，自由度为 2，$\chi^2$分布的临界值为 $\chi^2_{0.05}(2) = 5.99$，而 LM=36.66 > $\chi^2_{0.05}(2) = 5.99$，说明模型存在自相关，但 e_{t-2} 的系数没有通过 t 检验，所以不存在 2 阶自相关。

表 6.5.5 **表 6.5 含 2 阶滞后残差项的辅助回归**

Dependent Variable: E
Method: Least Squares
Date: 08/11/13 Time: 02:33
Sample (adjusted): 1962 2005
Included observations: 44 after adjustments

Variable	Coefficient	Std. Error	t-Statistic	Prob.
C	1.141576	0.619856	1.84168	0.0729
X	−0.012662	0.006859	−1.846102	0.0723
E(−1)	1.040621	0.155757	6.681061	0.0000
E(−2)	−0.166522	0.151299	−1.100621	0.2776
R-squared	0.833133	Mean dependent var		0.202027
Adjusted R-squared	0.820618	S.D. dependent var		2.203104
S.E. of regression	0.933091	Akaike info criterion		2.785881
Sum squared resid	34.82637	Schwarz criterion		2.94808
Log likelihood	−57.28937	Hannan-Quinn criter.		2.846032
F-statistic	66.57076	Durbin-Watson stat		2.038527
Prob(F-statistic)	0.00000			

拉格朗日乘数检验法(LM test)对双对数模型进行检验：
$LM = 34.0196$，给定 5%显著性水平，自由度为 1，χ^2分布的临界值为 $\chi^2_{0.05}(1) = 3.84$，而 LM=34.0196 > $\chi^2_{0.05}(1) = 3.84$，由此可以判断模型存在 1 阶自相关。

表 6.5.6　　　　表 6.5 双对数模型 LM 检验结果

Breusch-Godfrey Serial Correlation LM Test:

F-statistic	122.1032	Prob. F(1,43)	0.0000
Obs*R-squared	34.01962	Prob. Chi-Square(1)	0.0000

Test Equation:
Dependent Variable: RESID
Method: Least Squares
Date: 01/08/16　Time: 14:53
Sample: 1960 2005
Included observations: 46
Presample missing value lagged residuals set to zero.

Variable	Coefficient	Std. Error	t-Statistic	Prob.
C	0.006258	0.027925	0.224112	0.8237
LNX	−0.001502	0.006305	−0.238186	0.8129
RESID(−1)	0.868652	0.077712	11.17778	0.0000

R-squared	0.739557	Mean dependent var	−8.46E−16
Adjusted R-squared	0.733638	S.D. dependent var	0.021832
S.E. of regression	0.011267	Akaike info criterion	−6.047835
Sum squared resid	0.005586	Schwarz criterion	−5.928576
Log likelihood	142.1002	Hannan-Quinn criter.	−6.003160
F-statistic	62.47142	Durbin-Watson stat	1.518451
Prob(F-statistic)	0.000000		

含 2 阶滞后残差项的辅助回归为：

表 6.5.7　　　　表 6.5 含 2 阶滞后残差项的双对数模型辅助回归

Breusch-Godfrey Serial Correlation LM Test:

F-statistic	61.27669	Prob. F(2,42)	0.0000
Obs*R-squared	34.25913	Prob. Chi-Square(2)	0.0000

Test Equation:
Dependent Variable: RESID
Method: Least Squares
Date: 01/08/16　Time: 15:04
Sample: 1960 2005
Included observations: 46
Presample missing value lagged residuals set to zero.

Variable	Coefficient	Std. Error	t-Statistic	Prob.
C	0.005423	0.027659	0.196064	0.8455
LNX	−0.001300	0.006246	−0.208110	0.8361
RESID(−1)	0.990327	0.149708	6.615072	0.0000
RESID(−2)	−0.142793	0.150719	−0.947413	0.3488

R-squared	0.744764	Mean dependent var	−8.46E−16
Adjusted R-squared	0.738963	S.D. dependent var	0.021832
S.E. of regression	0.011154	Akaike info criterion	−6.024552
Sum squared resid	0.005474	Schwarz criterion	−5.865539
Log likelihood	142.5647	Hannan-Quinn criter.	−5.964985
F-statistic	42.79642	Durbin-Watson stat	1.797811
Prob(F-statistic)	0.000000		

$LM=34.259$，给定 5%显著性水平，自由度为 2，χ^2分布的临界值为$\chi^2_{0.05}(2)=5.99$，而 LM=34.259 $>\chi^2_{0.05}(2)=5.99$，说明模型存在自相关，但e_{t-2}的系数没有通过 t 检验，所以不存在 2 阶自相关。

（3）模型修正

采用广义差分方程对模型进行修正。做残差项的一阶滞后自回归：

$$\hat{e}_t=0.887593e_{t-1}$$

即可以得到相关系数的第一估计值 $\hat{\rho}$=0.887593

得广义差分方程 $Y_t-0.887593Y_{t-1}=\beta_1(1-0.887593)+\beta_2(X_t-0.887593X_t)+v_t$

建立 OLS 估计模型，键入命令 Y−0.887593*Y(−1) C X−0.887593*X(−1)

表 6.5.8 **表 6.5 广义差分回归结果**

Dependent Variable: Y−0.887593*Y(−1)
Method: Least Squares
Date: 08/10/13 Time: 13:29
Sample (adjusted): 1961 2005
Included observations: 45 after adjustments

Variable	Coefficient	Std. Error	t-Statistic	Prob.
C	4.887061	0.510407	9.574833	0.0000
X−0.887593*X(−1)	0.568413	0.042851	13.26481	0.0000

R-squared	0.803613	Mean dependent var	11.41315
Adjusted R-squared	0.799046	S.D. dependent var	2.033504
S.E. of regression	0.911577	Akaike info criterion	2.696146
Sum squared resid	35.73186	Schwarz criterion	2.776442
Log likelihood	−58.66329	Hannan-Quinn criter.	2.72608
F-statistic	175.9553	Durbin-Watson stat	1.639455
Prob(F-statistic)	0.00000		

n= 45，在 5%显著水平下，$DW=1.639>d_U=1.566$。说明广义差分模型中已无自相关。同时，判定系数 R^2、t、F 统计量均达到理想水平。

$$\hat{\beta}_1=\frac{4.887061}{1-0.887593}=43.4765$$

最终的消费模型为

$$\hat{Y}_t=43.4765+0.568413X_t$$

采用广义差分方程对双对数模型进行修正。做残差项的一阶滞后自回归：

$$\hat{e}_t=0.867892e_{t-1}$$

即可以得到相关系数的第一估计值 $\hat{\rho}$=0.86792

得广义差分方程 $Y_t-0.867892Y_{t-1}=\beta_1(1-0.867892)+\beta_2(X_t-0.867892X_t)+v_t$

建立 OLS 估计模型，键入命令 Y−0.867892*Y(−1) C X−0.867892*X(−1)

表 6.5.9　　　　表 6.5 双对数模型一阶残差项回归结果

Dependent Variable: E
Method: Least Squares
Date: 08/10/13　Time: 13:37
Sample (adjusted): 1961 2005
Included observations: 45 after adjustments

Variable	Coefficient	Std. Error	t-Statistic	Prob.
E(−1)	0.867892	0.068145	12.73598	0.0000
R-squared	0.786314	Mean dependent var		0.000802
Adjusted R-squared	0.786314	S.D. dependent var		0.021383
S.E. of regression	0.009884	Akaike info criterion		−6.373728
Sum squared resid	0.004299	Schwarz criterion		−6.333580
Log likelihood	144.4089	Hannan-Quinn criter.		−6.358761
Durbin-Watson stat	1.659601			

表 6.5.10　　　　表 6.5 广义差分双对数模型回归结果

Dependent Variable: LNY−0.867892*LNY(−1)
Method: Least Squares
Date: 08/10/13　Time: 13:38
Sample (adjusted): 1961 2005
Included observations: 45 after adjustments

Variable	Coefficient	Std. Error	t-Statistic	Prob.
C	0.257964	0.025225	10.22653	0.0000
LNX−0.867892*LNX(−1)	0.577382	0.041606	13.87735	0.0000
R-squared	0.817472	Mean dependent var		0.607453
Adjusted R-squared	0.813228	S.D. dependent var		0.022292
S.E. of regression	0.009634	Akaike info criterion		−6.403601
Sum squared resid	0.003991	Schwarz criterion		−6.323304
Log likelihood	146.0810	Hannan-Quinn criter.		−6.373667
F-statistic	192.5809	Durbin-Watson stat		1.702593
Prob(F-statistic)	0.000000			

$n=45$，在 5%显著水平下，$DW=1.70259>d_U=1.566$。说明广义差分模型中已无自相关。同时，判定系数 R^2、t、F 统计量均达到理想水平。

$$\hat{\beta}_1=\frac{0.257964}{1-0.867892}=1.952675$$

最终的消费模型为

$$\hat{Y}_t=1.952675+0.577382X_t$$

（4）目前看，两个模型相当。在经济意义上，线性模型表示的是倍数关系，即乘数关系；而双对数模型表示的是百分比变化关系，即弹性关系。

6.7　表 6.6 给出了 1978—2011 年中国居民总量消费支出与收入数据。这是一组时间序列数据（Time Series Data）。原始数据来源于《中国统计年鉴》2001，2012 年。

其中，GDP 代表支出法国内生产总值；Consumption 代表居民总消费；Tax 代表税收总额；CPI(1990 年)代表 1990 年为不变价格计算的居民消费价格指数；X=(GDP−tax)/CPI（1990 年）代表居民实际可支配收入；Y=Consumption/CPI（1990 年）代表居民实际消费总支出。

请用 OLS 方法估计总量消费函数模型，并检验模型的自相关性（5%显著水平）；如果模型存在设定误差，请问你将如何进行修正？

表 6.6　中国居民总量消费支出与国内生产总值等相关数据　单位：亿元

年份	GDP	Consumption	Tax	CPI（当年）	CPI（1990 年）	X	Y
1978	3605.6	1759.1	519.3	100.7	46.2	6684.1	3809.7
1979	4092.6	2011.5	537.8	101.9	47.1	7555.1	4275.1
1980	4592.9	2331.2	571.7	107.5	50.6	7950.2	4608.9
1981	5008.8	2627.9	629.9	102.5	51.8	8446.2	5068.8
1982	5590.0	2902.9	700.0	102.0	52.9	9247.1	5489.5
1983	6216.2	3231.1	775.6	102.0	53.9	10086.6	5990.3
1984	7362.7	3742.0	947.4	102.7	55.4	11581.0	6755.1
1985	9076.7	4687.4	2040.8	109.3	60.5	11620.6	7741.7
1986	10508.5	5302.1	2090.7	106.5	64.5	13054.3	8222.5
1987	12277.4	6126.1	2140.4	107.3	69.2	14651.0	8854.0
1988	15388.6	7868.1	2390.5	118.8	82.2	15813.3	9572.2
1989	17311.3	8812.6	2727.4	118.0	97.0	15036.0	9085.8
1990	19347.8	9450.9	2821.9	103.1	100.0	16525.9	9450.9
1991	22577.4	10730.6	2990.2	103.4	103.4	18943.2	10377.8
1992	27565.2	13000.1	3296.9	106.4	110.0	22058.6	11816.4
1993	36938.1	16412.1	4255.3	114.7	126.2	25899.6	13005.8
1994	50217.4	21844.2	5126.9	124.1	156.6	28793.1	13948.9
1995	63216.9	28369.7	6038.0	117.1	183.4	31180.4	15470.4
1996	74163.6	33955.9	6909.8	108.3	198.6	33863.7	17097.5
1997	81658.5	36921.5	8234.0	102.8	204.2	35963.7	18084.4
1998	86531.6	39229.3	9262.8	99.2	202.5	38151.9	19369.7
1999	91125.0	41920.4	10682.6	98.6	199.7	40282.9	20992.3
2000	98749.0	45854.6	12581.5	100.4	200.5	42977.9	22871.0
2001	109028.0	49435.9	15301.4	100.7	201.9	46423.2	24485.8
2002	120475.6	53056.6	17636.5	99.2	200.3	51347.5	26491.1
2003	136613.4	57649.8	20017.3	101.2	202.7	57526.0	28443.2
2004	160956.6	65218.5	24165.7	103.9	210.6	64956.4	30969.6
2005	187423.5	72958.7	28778.5	101.8	214.4	74002.0	34032.5
2006	222712.5	82575.5	34804.4	101.5	217.6	86356.8	37949.1
2007	266599.2	96332.5	45622.0	104.8	228.0	96903.0	42243.7
2008	315974.6	111670.4	54223.8	105.9	241.5	108388.1	46241.5
2009	348775.1	123584.6	59521.6	99.3	239.8	120621.0	51535.8
2010	402816.5	140758.6	73210.8	103.3	247.7	133057.3	56822.3
2011	465731.3	164945.2	89738.4	105.4	261.1	144006.8	63174.7

资料来源：中国统计年鉴. 2001, 2012. http://www.stats.gov.cn/tjsj/ndsj/2012/indexch.htm.

解：建立模型：

设模型为：$Y_t=\beta_1+\beta_2X_t+u_t$

根据表 6.6 中的数据，利用 EViews 软件得到 OLS 回归结果为（见表 6.6.1）：

$$\hat{Y}_t=2632.23+0.4172X_t$$
$$se=(303.1635)\ \ (0.0053)$$
$$t=(8.6825)\ \ (78.937)$$
$$R^2=0.9949,\quad F=6\ 231.08,\quad DW=0.22298,\quad n=34。$$

表 6.6.1　　　　表 6.6 回归结果

Dependent Variable: Y
Method: Least Squares
Date: 08/07/13　　Time: 06:30
Sample: 1978 2011
Included observations: 34

Variable	Coefficient	Std. Error	t-Statistic	Prob.
C	2632.23	303.1635	8.682544	0.0000
X	0.4172	0.005285	78.93719	0.0000
R-squared	0.994891	Mean dependent var		20422
Adjusted R-squared	0.994731	S.D. dependent var		16288.97
S.E. of regression	1182.378	Akaike info criterion		17.04547
Sum squared resid	44736603	Schwarz criterion		17.13525
Log likelihood	−287.77	Hannan-Quinn criter.		17.07609
F-statistic	6231.08	Durbin-Watson stat		0.22298
Prob(F-statistic)	0.00000			

序列自相关性检验：

从残差 e_t 与时间 t 以及 e_t 与 e_{t-1} 的关系图看，随机干扰项呈现正自相关。

表 6.6 的回归结果表明，在 5%显著性水平下，n=34，k'=1，查 DW 表得，d_L=1.393，d_U=1.514。而 DW=0.22298＜d_L=1.393，因此，存在正自相关。

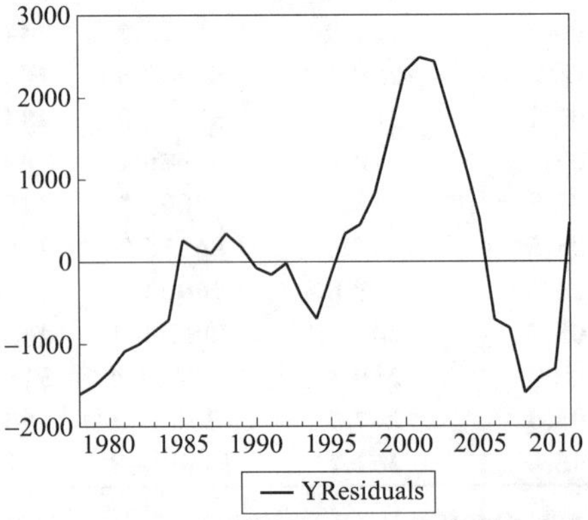

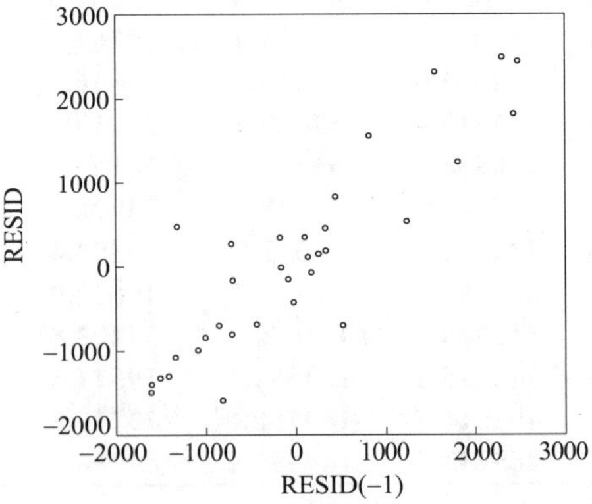

图 6.6.1　表 6.6 残差与时间以及滞后关系图

由于 X 与 Y 都是时间序列，因此它们都表现出共同变化的趋势，从而可能导致模型存在自相关性。为了排除时间因素对模型的影响，在判定模型存在自相关之前，我们首先对模型引入一个时间变量 T（T=1，2，…，34。我们将在第九章里继续讨论这个问题），并以 T^2 的形式出现，重新估计回归模型为：

$$\hat{Y}_t = 2414.72 + 0.32X_t + 11.02T_t^2$$
$$se = (192.96)\ \ (0.014)\ \ \ (1.558)$$
$$t = (12.514)\ \ (22.137)\ \ (7.075)$$
$$R^2 = 0.998\text{，}\quad F = 7916.024\text{，}\quad DW = 0.52823\text{。}$$

在 5%显著性水平下，n=34，k'=2，查 DW 表得，d_L=1.33，d_U=1.58。而 DW= 0.52823 ＜d_L=1.33，因此，模型仍然存在正自相关。

我们将在第九章中对模型进一步检验，未引入时间变量的模型存在设定误差，而引入时间变量后的模型不再存在设定误差。因此，模型中较低的 DW 值部分地是由模型设定误差而引起的，即存在非纯序列相关。而引入时间变量后的模型中较低的 DW 值表明是纯序列相关。

现在用拉格朗日乘数法（LM）对上面模型进行自相关检验：含 1 阶滞后残差项的辅助回归结果为（见表 6.6.2）：

$$\hat{e}_t = -58.152 + 0.032X_t - 3.057T_t^2 + 1.075e_{t-1} \qquad R^2 = 0.6499$$
$$t = (-0.48)\ \ (3.359)\ \ (-2.98)\ \ (7.32)$$

因此，$LM = 33 \times 0.6499 = 21.45$ 。给定 5%显著性水平，自由度为 1 的 χ^2 分布的临界值为 $\chi^2_{0.05}(1) = 3.84 < LM = 21.45$ ，所以，模型存在 1 阶自相关。含 2 阶滞后残差项的辅助回归为：

$$\hat{e}_t = -61.467 + 0.02X_t - 2.18T_t^2 + 1.38e_{t-1} - 0.44e_{t-2} \qquad R^2 = 0.6808$$
$$t = (-0.49)\ \ (2.25)\ \ (-1.96)\ \ (6.22)\ \ (-1.82)$$

$LM = 32 \times 0.6808 = 21.7856$ 。给定 5%显著性水平，自由度为 2 的 χ^2 分布的临界值为 $\chi^2_{0.05}(2) = 5.9915$ ，所以，模型存在自相关。但由于 e_{t-2} 的参数估计值的 t 检验不显著，因此模型不存在 2 阶自相关。求残差项 1 阶滞后回归为：

$$\hat{e}_t = 0.8065e_{t-1}$$

由上式知 $\hat{\rho}^{(1)} = 0.8065$ ，模型的广义差分方程为：

$$\hat{Y}_t^* = 472.0497 + 0.3487X_t^* + 8.3562T_t^*$$
$$se = (153.67)\qquad (0.03)\qquad\ (3.97)$$
$$t = (3.07)\qquad (11.20)\qquad (2.11)$$
$$R^2 = 0.9877,\ F = 1201.843,\ DW = 1.0229$$

给定 5%显著性水平，由于 n=33，k'=2，查 DW 表得，d_L=1.321，d_U=1.577。而 DW=1.0229＜d_L=1.321；若给定 1%显著性水平，d_L=1.114，d_U=1.358，DW= 1.0229＜d_L=1.114。因此，无法判断模型是否存在自相关。

拉格朗日乘数法检验 BG test：

表 6.6.2　　　　表 6.6 LM 检验结果

Breusch-Godfrey Serial Correlation LM Test:

F-statistic	6.21542	Prob. F(1,29)	0.0186
Obs*R-squared	5.82441	Prob. Chi-Square(1)	0.0158

Test Equation:
Dependent Variable: RESID
Method: Least Squares
Date: 08/13/13　　Time: 00:47
Sample: 1979 2011
Included observations: 33
Presample missing value lagged residuals set to zero.

Variable	Coefficient	Std. Error	t-Statistic	Prob.
C	−25.82042	142.2121	−0.181563	0.8572
X−0.8065*X(−1)	0.023812	0.030286	0.78622	0.4381
T^2−0.8065*T(−1)^2	−2.059617	3.755127	−0.548481	0.5876
RESID(−1)	0.604638	0.242527	2.493076	0.0186

R-squared	0.176497	Mean dependent var	−1.38E−13
Adjusted R-squared	0.091307	S.D. dependent var	495.7926
S.E. of regression	472.6161	Akaike info criterion	15.26766
Sum squared resid	6477614	Schwarz criterion	15.44905
Log likelihood	−247.9163	Hannan-Quinn criter.	15.32869
F-statistic	2.071809	Durbin-Watson stat	1.962775
Prob(F-statistic)	0.12575		

给定 1%显著性水平，自由度为 1 的 χ^2 分布的临界值为 $\chi^2_{0.01}(1)=6.63>LM=5.82$，所以，模型不存在 1 阶自相关。而广义差分方程截距项为 $\beta_1(1-\rho_1)$，得调整后模型的截距项估计值为：

$$\hat{\beta}_1=\frac{472.0497}{1-0.8065}=2439.53$$

我们得到中国居民总量消费函数为：$\hat{Y}_t=2439.53+0.3487X_t+8.3562T_t^2$

6.8　表 6.7 给出了 1978—2011 年中国财政收入与国内生产总值的数据。请建立财政收入 Y 对生产总值 X 的简单线性回归模型，并对模型进行自相关性检验；如果模型存在自相关性，请采用适当的方法进行修正。

表 6.7　　1978—2011 年中国财政收入与国内生产总值　　单位：亿元

年份	财政收入	生产总值	CPI（1990 年）	实际财政收入	实际生产总值
1978	1132.3	3645.2	46.2	2450.8	7890.1
1979	1146.4	4062.6	47.1	2433.9	8625.4
1980	1159.9	4545.6	50.6	2292.4	8983.4
1981	1175.8	4891.6	51.8	2269.9	9443.2
1982	1212.3	5323.4	52.9	2291.7	10063.0
1983	1367.0	5962.7	53.9	2536.1	11062.4
1984	1642.9	7208.1	55.4	2965.5	13010.9

续表

年份	财政收入	生产总值	CPI（1990 年）	实际财政收入	实际生产总值
1985	2004.8	9016.0	60.5	3313.8	14902.5
1986	2122.0	10275.2	64.5	3289.9	15930.5
1987	2199.4	12058.6	69.2	3178.3	17425.7
1988	2357.2	15042.8	82.2	2867.7	18300.3
1989	2664.9	16992.3	97.0	2747.3	17517.9
1990	2937.1	18667.8	100.0	2937.1	18667.8
1991	3149.5	21781.5	103.4	3045.9	21065.3
1992	3483.4	26923.5	110.0	3166.7	24475.9
1993	4349.0	35333.9	126.2	3446.1	27998.4
1994	5218.1	48197.9	156.6	3332.1	30777.7
1995	6242.2	60793.7	183.4	3403.6	33148.2
1996	7408.0	71176.6	198.6	3730.1	35839.2
1997	8651.1	78973.0	204.2	4236.6	38674.4
1998	9876.0	84402.3	202.5	4877.0	41680.1
1999	11444.1	89677.1	199.7	5730.6	44905.9
2000	13395.2	99214.6	200.5	6680.9	49483.6
2001	16386.0	109655.2	201.9	8115.9	54311.6
2002	18903.6	120332.7	200.3	9437.7	60076.2
2003	21715.3	135822.8	202.7	10713.0	67006.8
2004	26396.5	159878.3	210.6	12533.9	75915.6
2005	31649.3	184937.4	214.4	14761.8	86258.1
2006	38760.2	216314.4	217.6	17812.6	99409.2
2007	51321.8	265810.3	228.0	22509.6	116583.5
2008	61330.4	314045.4	241.5	25395.6	130039.5
2009	68518.3	340902.8	239.8	28573.1	142161.3
2010	83101.5	401512.8	247.7	33549.3	162096.4
2011	103874.4	472881.6	261.1	39783.4	181111.3

资料来源：中国统计年鉴. 2012. http://www.stats.gov.cn/tjsj/ndsj/2012/indexch.htm.

解： 回归模型为结果为：

表 6.7.1 　　　　**表 6.7 回归结果**

Dependent Variable: Y

Method: Least Squares

Date: 08/10/13 　Time: 12:28

Sample: 1978 2011

Included observations: 34

Variable	Coefficient	Std. Error	t-Statistic	Prob.
C	−1435.975	432.9914	−3.316405	0.0023
X	0.206056	0.006327	32.56897	0
R-squared	0.970716	Mean dependent var		8835.585
Adjusted R-squared	0.969801	S.D. dependent var		9954.643
S.E. of regression	1729.915	Akaike info criterion		17.80655
Sum squared resid	95763353	Schwarz criterion		17.89634
Log likelihood	−300.7114	Hannan-Quinn criter.		17.83717
F-statistic	1060.738	Durbin-Watson stat		0.107567
Prob(F-statistic)	0			

自相关检验：

在 5%显著性水平条件下，$n = 34$，$k' = 1$，查 DW 表得，$d_L = 1.393$，$d_U = 1.514$。而 $DW = 0.107567 < d_L = 1.393$，因此，存在正自相关。

模型进行修正：

建立 OLS 滞后一期残差估计模型，键入命令 E E(−1)。

表 6.7.2 **表 6.7 残差一阶自回归结果**

Dependent Variable: E

Method: Least Squares

Date: 08/10/13 Time: 12:30

Sample (adjusted): 1979 2011

Included observations: 33 after adjustments

Variable	Coefficient	Std. Error	t-Statistic	Prob.
E(−1)	0.998751	0.063216	15.79914	0
R-squared	0.886174	Mean dependent var		−68.5142
Adjusted R-squared	0.886174	S.D. dependent var		1681.67
S.E. of regression	567.3631	Akaike info criterion		15.54971
Sum squared resid	10300828	Schwarz criterion		15.59506
Log likelihood	−255.5702	Hannan-Quinn criter.		15.56497
Durbin-Watson stat	0.534089			

即可以得到一阶自相关系数的估计值 $\hat{\rho}$=0.998751

得广义差分方程回归结果：

表 6.7.3 **表 6.7 广义差分回归结果**

Dependent Variable: Y−0.998751*Y(−1)

Method: Least Squares

Date: 08/10/13 Time: 12:31

Sample (adjusted): 1979 2011

Included observations: 33 after adjustments

Variable	Coefficient	Std. Error	t-Statistic	Prob.
C	−354.4544	86.27997	−4.108188	0.0003
X−0.998751*X(−1)	0.281849	0.011086	25.42388	0.0000
R-squared	0.954235	Mean dependent var		1141.155
Adjusted R-squared	0.952759	S.D. dependent var		1668.151
S.E. of regression	362.5735	Akaike info criterion		14.68302
Sum squared resid	4075246	Schwarz criterion		14.77372
Log likelihood	−240.2699	Hannan-Quinn criter.		14.71354
F-statistic	646.3738	Durbin-Watson stat		1.312807
Prob(F-statistic)	0.000000			

BG test：广义差分方程自相关检验

表 6.7.4 表 6.7 LM 检验结果

Breusch-Godfrey Serial Correlation LM Test:

F-statistic	1.434019	Prob. F(1,30)	0.2405
Obs*R-squared	1.505459	Prob. Chi-Square(1)	0.2198

Test Equation:
Dependent Variable: RESID
Method: Least Squares
Date: 10/12/13 Time: 02:11
Sample: 1979 2011
Included observations: 33
Presample missing value lagged residuals set to zero.

Variable	Coefficient	Std. Error	t-Statistic	Prob.
C	−12.6254	86.32847	−0.146248	0.8847
X−0.998751*X(−1)	0.004348	0.011592	0.375063	0.7103
RESID(−1)	0.283949	0.237117	1.197505	0.2405

R-squared	0.04562	Mean dependent var	3.65E−13
Adjusted R-squared	−0.018005	S.D. dependent var	356.8633
S.E. of regression	360.0617	Akaike info criterion	14.69694
Sum squared resid	3889333	Schwarz criterion	14.83298
Log likelihood	−239.4994	Hannan-Quinn criter.	14.74271
F-statistic	0.717009	Durbin-Watson stat	1.723973
Prob(F-statistic)	0.496387		

在给定 5%显著性水平条件下，自由度为 1 的 χ^2 分布的临界值为：$\chi^2_{0.05}(1)=3.84 > LM=1.5$，所以，模型不存在 1 阶自相关。

$$\hat{\beta}_1=\frac{-354.4544}{1-0.998751}=-283790.55$$

最终的消费模型为

$$\hat{Y}_t=-283790.55+0.281849X_t$$

第七章

分布滞后与自回归模型

本章学习目的： 掌握分布滞后模型和自回归模型的概念以及类型；清楚滞后效应产生的原因；了解分布滞后模型和一阶自回归模型的估计困难和方法；区分考伊克模型、自适应预期模型和局部调整模型的不同。

本章学习重点： 掌握分布滞后模型修正估计方法以及阿尔蒙多项式估计方法；熟悉使用工具变量方法对一阶自回归模型进行估计，以及德宾 h 检验。了解考伊克模型、自适应预期模型和局部调整模型的经济含义。熟悉一阶自回归模型估计的困难，以及工具变量或代理变量的真实含义。熟悉 EViews 软件的使用。

7.1　请问对有限分布滞后模型进行估计主要面临的问题是什么？

答：（1）没有先验准则来确定滞后长度；

（2）如果滞后期较长，将缺乏足够的自由度进行统计检验；

（3）滞后解释变量之间往往存在高度相关，即模型存在严重的多重共线性问题。

7.2　请问对一阶自回归模型进行估计主要面临的困难是什么？

答：（1）模型中存在滞后被解释变量 Y_{t-1}，为解释变量，而 Y_{t-1} 是随机变量，这与经典假定的条件不相符，其结果可能导致 Y_{t-1} 与随机干扰项 u_t 相关，即 $Cov(Y_{t-1}, u_t)\neq 0$。（2）随机干扰项 u_t 还可能存在自相关。

7.3　检验一阶自回归模型随机干扰项之间的自相关性，为什么要用德宾 h 检验而不用 DW 检验？

答： 因为模型中含有随机变量 Y_{t-1}，且通常 Y_{t-1} 与 u_t 相关，违背了经典假定条件，也违背了 DW 检验的前提条件。

7.4 表 7.3 给出了 1959—2006 年美国人均消费支出（PPCE）和人均可支配收入（PPDI）数据。

（1）考虑考伊克模型：

$$Y_t = (1-\lambda)\alpha + \beta_0 X_t + \lambda Y_{t-1} + v_t$$

根据表中的数据做 OLS 一阶自回归，并求短期乘数 β_0 和长期乘数 $\sum\beta_i$；

（2）对上述回归结果进行自相关性检验。

表 7.3　　1959—2006 年 PPCE 和 PPDI（以 2000 年美元计算）

年份	PPCE	PPDI	年份	PPCE	PPDI	年份	PPCE	PPDI
1959	8776	9685	1975	13320	15291	1991	18848	21109
1960	8837	9735	1976	13919	15738	1992	19208	21548
1961	8873	9901	1977	14364	16128	1993	19593	21493
1962	9170	10227	1978	14837	16704	1994	20082	21812
1963	9412	10455	1979	15030	16931	1995	20382	22153
1964	9839	11061	1980	14816	16940	1996	20835	22546
1965	10331	11594	1981	14879	17217	1997	21365	23065
1966	10793	12065	1982	14944	17418	1998	22183	24131
1967	10994	12457	1983	15656	17828	1999	23050	24564
1968	11510	12892	1984	16343	19011	2000	23860	25469
1969	11820	13163	1985	17040	19476	2001	24205	25687
1970	11955	13563	1986	17570	19906	2002	24612	26217
1971	12256	14001	1987	17994	20072	2003	25043	26535
1972	12868	14512	1988	18554	20740	2004	25711	27232
1973	13371	15345	1989	18898	21120	2005	26277	27436
1974	13148	15094	1990	19067	21281	2006	26828	28005

资料来源：Economic Report of the President,2007,Table B–31. http：//highered.mcgraw-hill.com/sites/0073375772/student_view0/data_sets.html.

解：（1）回归结果为：

表 7.3.1 **表 7.3 一阶自回归结果**

Dependent Variable: PPCE
Method: Least Squares
Date: 08/14/13 Time: 04:00
Sample (adjusted): 1960 2006
Included observations: 47 after adjustments

Variable	Coefficient	Std. Error	t-Statistic	Prob.
C	−252.919	157.3517	−1.607348	0.1151
PPDI	0.21389	0.070617	3.028892	0.0041
PPCE(−1)	0.797146	0.073308	10.87389	0.0000
R-squared	0.998216	Mean dependent var		16691.28
Adjusted R-squared	0.998134	S.D. dependent var		5205.873
S.E. of regression	224.8504	Akaike info criterion		13.73045
Sum squared resid	2224539	Schwarz criterion		13.84854
Log likelihood	−319.6656	Hannan-Quinn criter.		13.77489
F-statistic	12306.99	Durbin-Watson stat		0.961921
Prob(F-statistic)	0.000000			

根据考伊克模型得，$\hat{\beta}_0=0.21389$，$\hat{\lambda}=0.7971$，$\hat{\alpha}=\dfrac{-252.919}{1-\hat{\lambda}}=-1246.52$，

$$\hat{\beta}_1=\hat{\beta}_0\hat{\lambda}=0.21389\times0.7971=0.1705$$

$$\sum\hat{\beta}_i=\hat{\beta}_0/(1-\hat{\lambda})=0.21389/(1-0.7971)=1.0542$$

（2）$\hat{\rho}\approx1-\dfrac{d}{2}=1-\dfrac{0.9619}{2}=0.519$

$$Var(\hat{\lambda})=0.0733^2=0.0053$$

$$h=\hat{\rho}\sqrt{\frac{n}{1-nVar(\hat{\lambda})}}=0.519\times\sqrt{\frac{47}{1-47\times0.0053}}=4.106$$

给定 5%的显著性水平下，正态分布的临界值为 $z_{0.025}=1.96$，$h=4.106$ 远远大于 1.96，因此，模型存在自相关。

7.5 考虑模型

$$Y_t=\alpha+\beta_1X_{1t}+\beta_2X_{2t}+\beta_3Y_{t-1}+u_t$$

假定 Y_{t-1} 与 u_t 相关。为了消除这种相关性，引入工具变量 $\hat{Y}_{t-1}$：先求 Y_t 对 X_{1t} 和 X_{2t} 的回归，得 Y_t 的估计值 $\hat{Y}_t$。模型变为：

$$Y_t=\alpha+\beta_1X_{1t}+\beta_2X_{2t}+\beta_3\hat{Y}_{t-1}+u_t$$

请问：为什么这种方法可以消除原模型中 Y_{t-1} 与 u_t 之间的相关性？与利维亚坦方法相

比，这种方法的优点是什么？

答：因为 $\hat{Y}_t$ 是非随机变量 X_{1t} 和 X_{2t} 的线性组合，与随机干扰项 u_t 不相关。X_{1t} 和 X_{2t} 的滞后 1 期与 u_t 也不相关，所以 $\hat{Y}_{t-1}$ 与 u_t 也不相关。与利维亚坦方法相比，可能会更好地消除了多重共线性问题。

7.6 假设模型

$$Y_t = \alpha + \beta X_t + u_t$$

随机误差项 u_t 存在一阶自回归形式，即 $u_t = \rho u_{t-1} + v_t$， v_t 满足经典假定。利用广义差分法得

$$Y_t = \alpha(1-\rho) + \beta(X_t - \rho X_{t-1}) + \rho Y_{t-1} + v_t$$

从而，可以利用 OLS 方法对上述广义差分方程进行估计。该模型与考伊克、自适应预期和局部调整模型非常像，请问它们之间有什么区别？

答：这是一个序列相关模型（Serial Correlation Model）。区别在于考伊克、自适应预期和局部调整模型中没有解释变量 X 的滞后值。

7.7 表 7.4 给出了 1970—1991 年美国制造业固定厂房设备投资与销售额数据。考虑局部调整模型：

$$Y_t^* = \beta_0 + \beta_1 X_t + u_t$$

请利用表 7.4 中的数据估计模型参数，并对模型进行自相关检验。

表 7.4　1970—1991 年美国制造业固定厂房设备投资 Y 与销售额 X（以 10 亿美元计）

年份	厂房支出 Y	销售额 X	年份	厂房支出 Y	销售额 X
1970	36.99	52.805	1981	128.68	168.129
1971	33.6	55.906	1982	123.97	163.351
1972	35.42	63.027	1983	117.35	172.547
1973	42.35	72.931	1984	139.61	190.682
1974	52.48	84.79	1985	152.88	194.538
1975	53.66	86.589	1986	137.95	194.657
1976	58.53	98.797	1987	141.06	206.326
1977	67.48	113.201	1988	163.45	223.541
1978	78.13	126.905	1989	183.8	232.724
1979	95.13	143.936	1990	192.61	239.459
1980	112.6	154.391	1991	182.81	235.142

资料来源：Economic Report of the President,1993. http：//highered.mcgraw-hill.com/sites/0073375772/student_view0/data_sets.html.

解：对表 7.4 中的数据估计结果为：

表 7.4.1　　　　表 7.4 一阶自回归结果

Dependent Variable: Y
Method: Least Squares
Date: 08/14/13　　Time: 05:05
Sample (adjusted): 1971 1991
Included observations: 21 after adjustments

Variable	Coefficient	Std. Error	t-Statistic	Prob.
C	−15.10403	4.72945	−3.193613	0.005
X	0.629273	0.097819	6.433031	0.000
Y (−1)	0.271676	0.114858	2.365315	0.0294
R-squared	0.987125	Mean dependent var		109.2167
Adjusted R-squared	0.985695	S.D. dependent var		51.7855
S.E. of regression	6.193728	Akaike info criterion		6.616515
Sum squared resid	690.5208	Schwarz criterion		6.765733
Log likelihood	−66.47341	Hannan-Quinn criter.		6.648899
F-statistic	690.0561	Durbin-Watson stat		1.518595
Prob(F-statistic)	0.000000			

由局部调整模型

$$Y_t = \delta\beta_0 + \delta\beta_1 X_t + (1-\delta)Y_{t-1} + \delta u_t$$

得到参数估计值：$\hat{\delta} = 1 - 0.271676 = 0.7283$，$\hat{\beta}_0 = -15.104/0.7283 = -20.7387$，$\hat{\beta}_1 = 0.62927/0.7283 = 0.864$。

原模型回归方程为

$$\hat{Y}_t^* = -20.738 + 0.864X_t$$

对模型进行自相关检验：

$$\hat{\rho} \approx 1 - \frac{d}{2} = 1 - \frac{1.518595}{2} = 0.2407$$

$$Var(1-\hat{\delta}) = 0.114858^2 = 0.0132$$

$$h = \hat{\rho}\sqrt{\frac{n}{1 - nVar(1-\hat{\delta})}} = 0.2407 \times \sqrt{\frac{21}{1 - 21 \times 0.0132}} = 1.2974$$

给定 5%显著性水平，正态分布的临界值为 $z_{0.025}$=1.96，h=1.2974 小于 1.96，因此，模型不存在自相关。

7.8　利用表 7.4 中的数据，考虑如下模型

$$Y_t^* = \beta_0 X_t^{\beta_1} e^{u_t}$$

请用局部调整模型估计模型参数，并检验模型自相关。

解： 原模型可转化为双对数模型

$$\ln Y_t^* = \ln \beta_0 + \beta_1 \ln X_t + u_t$$

因此有存量调整模型

$$\ln Y_t = \delta \ln \beta_0 + \delta\beta_1 \ln X_t + (1-\delta)\ln Y_{t-1} + \delta u_t$$

（由 $\ln Y_t = \delta \ln Y_t^* + (1-\delta)\ln Y_{t-1}$，将 $\ln Y_t^* = \ln \beta_0 + \beta_1 \ln X_t + u_t$ 代入得到）

得到回归结果与相应参数估计为：

$$\hat{\delta} = 1 - 0.26 = 0.74\,,\quad \hat{\beta}_1 = 0.9045/0.74 = 1.222\,,\quad \hat{\rho} \approx 1 - \frac{d}{2} = 1 - \frac{1.4793}{2} = 0.2604\,,$$

$$Var(1-\hat{\delta}) = 0.0878^2 = 0.0077\,。$$

$$h = \hat{\rho}\sqrt{\frac{n}{1 - nVar(1-\hat{\delta})}} = 0.2604 \times \sqrt{\frac{21}{1 - 21 \times 0.0077}} = 1.303$$

给定 5%的显著性水平下，正态分布的临界值为 $z_{0.025}$=1.96，h=1.303 小于 1.96，因此，模型不存在自相关。

表 7.4.2 **表 7.4 双对数一阶自回归结果**

Dependent Variable: LNY

Method: Least Squares

Date: 08/14/13 Time: 07:16

Sample (adjusted): 1971 1991

Included observations: 21 after adjustments

Variable	Coefficient	Std. Error	t-Statistic	Prob.
C	−1.078046	0.184144	−5.854366	0.0000
LNX	0.904522	0.111243	8.131039	0.0000
LNY(−1)	0.260033	0.087799	2.961684	0.0084
R-squared	0.993725		Mean dependent var	4.559823
Adjusted R-squared	0.993028		S.D. dependent var	0.562953
S.E. of regression	0.047007		Akaike info criterion	−3.145469
Sum squared resid	0.039774		Schwarz criterion	−2.996251
Log likelihood	36.02742		Hannan-Quinn criter.	−3.113085
F-statistic	1425.219		Durbin-Watson stat	1.479333
Prob(F-statistic)	0.000000			

7.9 利用表 7.4 中的数据，考虑如下自适应预期模型

$$\boldsymbol{Y_t = \beta_0 + \beta_1 X_t^* + u_t}$$

请估计此模型的参数，并检验模型的序列相关性。

解： 一阶自回归模型的回归结果与 7.7 相同。

由自适应预期模型

$$Y_t=\gamma\beta_0+\gamma\beta_1 X_t+(1-\gamma)Y_{t-1}+v_t$$

其模型参数的经济意义解释不同。

7.10 假定根据表 7.4 中的数据，取阿尔蒙多项式次数 $m=2$，使用阿尔蒙变换估计下列分布滞后模型

$$\boldsymbol{Y_t=\alpha+\beta_0 X_t+\beta_1 X_{t-1}+\beta_2 X_{t-2}+\beta_3 X_{t-3}+\beta_4 X_{t-4}+u_t}$$

解：取 $m=2$，$s=4$，利用 EViews 软件，输入 Y C PDL（X, 4, 2）得回归结果如下：

$$\hat{Y}_t=-35.4923+0.891X_t+0.3255X_{t-1}-0.0312X_{t-2}-0.1792X_{t-3}-0.1183X_{t-4}$$
$$t=(-4.3321)\quad(5.1042)\quad(3.6176)\quad(-0.2530)\quad(-2.1109)\quad(-0.6562)$$

表 7.4.3 **表 7.4 分布滞后模型回归结果**

Dependent Variable: Y
Method: Least Squares
Date: 08/15/13 Time: 01:55
Sample (adjusted): 1974 1991
Included observations: 18 after adjustments

Variable	Coefficient	Std. Error	t-Statistic	Prob.
C	−35.49234	8.192884	−4.332093	0.0007
PDL01	−0.031228	0.123416	−0.253031	0.8039
PDL02	−0.252336	0.062441	−4.041182	0.0012
PDL03	0.104392	0.062311	1.675338	0.116

R-squared	0.98467	Mean dependent var	121.2322
Adjusted R-squared	0.981385	S.D. dependent var	45.63348
S.E. of regression	6.226131	Akaike info criterion	6.688517
Sum squared resid	542.7059	Schwarz criterion	6.886378
Log likelihood	−56.19666	Hannan-Quinn criter.	6.7158
F-statistic	299.7429	Durbin-Watson stat	1.1304
Prob(F-statistic)	0.000000		

Lag Distribution of X	i	Coefficient	Std. Error	t-Statistic
. *|	0	0.89101	0.17456	5.10425
. * |	1	0.32550	0.08998	3.61759
*. |	2	−0.03123	0.12342	−0.25303
* . |	3	−0.17917	0.08488	−2.11094
* . |	4	−0.11833	0.18034	−0.65616
Sum of Lags		0.88778	0.03007	29.5262

7.11 设长期货币流通量模型为

$$\boldsymbol{Y_t^*=\beta_0+\beta_1 X_t+\beta_2 P_t+u_t}$$

其中 Y_t^* 是长期货币流通需求量，Y_t 为实际货币流通量，X_t 为贷款额，P_t 为居民消费价格指数。且满足下列局部调整假设

$$Y_t - Y_{t-1} = \delta(Y_t^* - Y_{t-1})$$

（1）请给出短期货币流通量需求模型；

（2）根据表 7.5 中数据进行回归，并解释模型系数的经济意义；

（3）对模型进行自相关检验。

表 7.5　　1978—2011 年中国货币流通量、贷款额和居民消费价格指数

年份	货币流通量 *Y*	贷款额 *X*	CPI（1990 年）	年份	货币流通量 *Y*	贷款额 *X*	CPI（1990 年）
1978	212.0	1850.0	46.2	1995	7885.3	50544.1	183.4
1979	267.7	2039.6	47.1	1996	8802.0	61156.6	198.6
1980	346.2	2414.3	50.6	1997	10177.6	74914.1	204.2
1981	396.3	2860.2	51.8	1998	11204.2	86524.1	202.5
1982	439.1	3180.6	52.9	1999	13455.5	93734.3	199.7
1983	529.8	3589.9	53.9	2000	14652.7	99371.1	200.5
1984	792.1	4766.1	55.4	2001	15688.8	112314.7	201.9
1985	987.8	5905.6	60.5	2002	17278.0	131293.9	200.3
1986	1218.4	7590.8	64.5	2003	19745.9	158996.2	202.7
1987	1454.5	9032.5	69.2	2004	21467.3	178197.8	210.6
1988	2134.0	10551.3	82.2	2005	24031.7	194690.4	214.4
1989	2344.0	14360.1	97.0	2006	27072.6	225347.2	217.6
1990	2644.4	17680.7	100.0	2007	30375.2	261690.9	228.0
1991	3177.8	21337.8	103.4	2008	34219.0	303395.0	241.5
1992	4336.0	26322.9	110.0	2009	38246.0	399685.0	239.8
1993	5864.7	32943.1	126.2	2010	44628.2	479196.0	247.7
1994	7288.6	39976.0	156.6	2011	50748.5	547947.0	261.1

注：货币流通量 *Y*=M0 和贷款额 *X* 的单位都是亿元。

资料来源：《中国统计年鉴》2008—2012，《中国统计资料 50 年汇编》。

解：将长期货币流通量模型代入局部调整假设，得短期货币流通需求量模型为

$$Y_t = \delta\beta_0 + \delta\beta_1 X_t + \delta\beta_2 P_t + (1-\delta)Y_{t-1} + \delta u_t$$

根据表 7.5 数据进行一阶自回归模型估计，得出 OLS 估计结果：

$$\hat{\delta} = 1 - 0.92 = 0.18\text{，}\quad \hat{\beta}_0 = \frac{-84.69}{0.18} = -470.5\text{，}\quad \hat{\beta}_1 = \frac{0.016}{0.18} = 0.089\text{，}$$

$$\hat{\beta}_2 = \frac{4.957}{0.18} = 27.54$$

从而得到长期货币流通需求量模型为：

$$\hat{Y}_t^* = -470.5 + 0.089X_t + 27.54P_t$$

虽然 $DW = 2.19$，但仍不可就此判断模型无自相关。还需做德宾 h 检验：

$$\hat{\rho} \approx 1-\frac{d}{2}=1-\frac{2.19}{2}=-0.095\text{，}\quad Var(1-\hat{\delta})=0.0587^2=0.0034$$

$$h=\hat{\rho}\sqrt{\frac{n}{1-nVar(1-\hat{\delta})}}=-0.095\times\sqrt{\frac{33}{1-33\times0.0034}}=-0.579$$

给定 5%显著性水平，正态分布的临界值为 $z_{0.025}$=1.96，h = –0.579 的绝对值小于 1.96，因此，模型不存在自相关。

表 7.5.1　　　　**表 7.5 一阶自回归结果**

Dependent Variable: Y
Method: Least Squares
Date: 08/15/13　　Time: 05:48
Sample (adjusted): 1979 2011
Included observations: 33 after adjustments

Variable	Coefficient	Std. Error	t-Statistic	Prob.
C	–84.69015	228.1442	–0.371213	0.7132
X	0.016036	0.004147	3.866367	0.0006
P	4.957008	2.776938	1.785062	0.0847
Y(–1)	0.919962	0.058673	15.67937	0.0000
R-squared	0.999253	Mean dependent var		12845.45
Adjusted R-squared	0.999176	S.D. dependent var		14017.98
S.E. of regression	402.428	Akaike info criterion		14.94612
Sum squared resid	4696502	Schwarz criterion		15.12752
Log likelihood	–242.611	Hannan-Quinn criter.		15.00716
F-statistic	12932.98	Durbin-Watson stat		2.188835
Prob(F-statistic)	0.000000			

LM test（**BG** test）:（见表 7.5.2）

LM = 0.388，小于 5%的显著水平自由度为 1 的 χ^2 分布的临界值为 $\chi^2_{0.05}(1)=3.84$，说明模型不存在一阶自回归形式。

表 7.5.2　　　　表 7.5 LM 检验结果

Breusch-Godfrey Serial Correlation LM Test:

F-statistic	0.333533	Prob. F(1,28)	0.5682
Obs*R-squared	0.388466	Prob. Chi-Square(1)	0.5331

Test Equation:

Dependent Variable: RESID
Method: Least Squares
Date: 08/15/13　　Time: 06:36
Sample: 1979 2011
Included observations: 33
Presample missing value lagged residuals set to zero.

Variable	Coefficient	Std. Error	t-Statistic	Prob.
C	6.148549	231.0573	0.026611	0.979
X	−0.000368	0.004244	−0.086671	0.9315
P	−0.174912	2.825686	−0.061901	0.9511
Y(−1)	0.005469	0.06011	0.090984	0.9282
RESID(−1)	−0.111557	0.193164	−0.577524	0.5682

R-squared	0.011772	Mean dependent var	−1.78E−12
Adjusted R-squared	−0.129404	S.D. dependent var	383.1001
S.E. of regression	407.1335	Akaike info criterion	14.99489
Sum squared resid	4641216	Schwarz criterion	15.22163
Log likelihood	−242.4156	Hannan-Quinn criter.	15.07118
F-statistic	0.083383	Durbin-Watson stat	2.000434
Prob(F-statistic)	0.986858		

如果直接对模型进行 OLS 回归，其结果为：

表 7.5.3　　　　表 7.5 回归结果

Dependent Variable: Y
Method: Least Squares
Date: 08/15/13　　Time: 05:50
Sample: 1978 2011
Included observations: 34

Variable	Coefficient	Std. Error	t-Statistic	Prob.
C	−2079.648	534.5712	−3.890312	0.0005
X	0.079881	0.002391	33.41513	0.0000
P	40.55061	4.582824	8.848389	0.0000

R-squared	0.993079	Mean dependent var	12473.88
Adjusted R-squared	0.992633	S.D. dependent var	13972.95
S.E. of regression	1199.34	Akaike info criterion	17.10103
Sum squared resid	44590918	Schwarz criterion	17.23571
Log likelihood	−287.7175	Hannan-Quinn criter.	17.14696
F-statistic	2224.125	Durbin-Watson stat	0.478964
Prob(F-statistic)	0.000000		

$DW = 0.479$，显然，模型存在自相关。这也恰好说明，这种自相关不是纯自相关，而

是模型设定误差造成的，我们将在第九章继续讨论这个问题。

7.12 设 $M_t = \alpha + \beta_1 D_t^* + \beta_2 S_t^* + u_t$

其中 M 为实际货币流通量；D^* 为预期真实收入，S^* 为预期利率，且满足如下假定：

$$D_t^* = \gamma_1 D_t + (1-\gamma_1) D_{t-1}^*$$

$$S_t^* = \gamma_2 S_t + (1-\gamma_2) S_{t-1}^*$$

其中 γ_1 和 γ_2 为期望系数，均介于 0 与 1 之间。

（1）如何利用可观测的量来表示 M_t？

（2）你能预见到什么问题？

解：（1）首先将 M 滞后一期并乘上 $(1-\gamma_1)$ 得到：

$$(1-\gamma_1)M_{t-1} = (1-\gamma_1)\alpha + (1-\gamma_1)\beta_1 D_{t-1}^* + (1-\gamma_1)\beta_2 S_{t-1}^* + (1-\gamma_1)u_{t-1}$$

$$\begin{aligned} M_t - (1-\gamma_1)M_{t-1} &= \alpha\gamma_1 + \beta_1\gamma_1 D_t + \beta_2[S_t^* - (1-\gamma_1)S_{t-1}^*] + u_t - (1-\gamma_1)u_{t-1} \\ &= \alpha\gamma_1 + \beta_1\gamma_1 D_t + \beta_2[S_t^* - (1-\gamma_2+\gamma_2-\gamma_1)S_{t-1}^*] + u_t - (1-\gamma_1)u_{t-1} \\ &= \alpha\gamma_1 + \beta_1\gamma_1 D_t + \beta_2[S_t^* - (1-\gamma_2)S_{t-1}^* + (\gamma_1-\gamma_2)S_{t-1}^*] + u_t - (1-\gamma_1)u_{t-1} \\ &= \alpha\gamma_1 + \beta_1\gamma_1 D_t + \beta_2[S_t^* - (1-\gamma_2)S_{t-1}^*] + \beta_2(\gamma_1-\gamma_2)S_{t-1}^* + u_t - (1-\gamma_1)u_{t-1} \\ &= \alpha\gamma_1 + \beta_1\gamma_1 D_t + \beta_2\gamma_2 S_t + \beta_2(\gamma_1-\gamma_2)S_{t-1}^* + u_t - (1-\gamma_1)u_{t-1} \end{aligned} \tag{1}$$

$$M_{t-1} - (1-\gamma_1)M_{t-2} = \alpha\gamma_1 + \beta_1\gamma_1 D_{t-1} + \beta_2\gamma_2 S_{t-1} + \beta_2(\gamma_1-\gamma_2)S_{t-2}^* + u_{t-1} - (1-\gamma_1)u_{t-2}$$

$$\begin{aligned} (1-\gamma_2)[M_{t-1} - (1-\gamma_1)M_{t-2}] = {} & (1-\gamma_2)\alpha\gamma_1 + (1-\gamma_2)\beta_1\gamma_1 D_{t-1} + (1-\gamma_2)\beta_2\gamma_2 S_{t-1} \\ & + \beta_2(\gamma_1-\gamma_2)(1-\gamma_2)S_{t-2}^* + (1-\gamma_2)[u_{t-1} - (1-\gamma_1)u_{t-2}] \end{aligned} \tag{2}$$

（1）－（2）得，

$$\begin{aligned} M_t = {} & \gamma_1\gamma_2\alpha + \gamma_1\beta_1[D_t - (1-\gamma_2)D_{t-1}] + \gamma_2\beta_2[S_t - (1-\gamma_1)S_{t-1}] + (2-\gamma_1-\gamma_2)M_{t-1} \\ & -(1-\gamma_1)(1-\gamma_2)M_{t-2} + \mu_t - (2-\gamma_1-\gamma_2)u_{t-1} + (1-\gamma_1)(1-\gamma_2)u_{t-2} \end{aligned}$$

（2）从上面的变化中可看出，随机扰动项变为

$$v_t = u_t - (2-\gamma_1-\gamma_2)u_{t-1} + (1-\gamma_1)(1-\gamma_2)u_{t-2}$$

可能导致随机扰动项的自相关，因此估计出来的结果是有偏的、不一致的。

第八章

虚拟变量模型

本章学习目的：掌握虚拟变量模型的概念以及类型划分；熟悉邹至庄虚拟变量模型的参数稳定性检验方法；熟悉分段回归以及与邹至庄模型的区别；熟悉虚拟变量的设置原则。

本章学习重点：掌握虚拟变量模型的概念以及类型划分，即加法原则与乘法原则以及相应系数的含义；熟悉邹至庄虚拟变量参数稳定性检验方法以及应用；熟悉分段回归函数以及应用；分清楚虚拟变量的设置原则。

8.1　请问方差分析模型 ANOVA 与协方差分析模型 ANCOVA 的区别是什么？

答：ANOVA 模型不含有定量变量作为解释变量，是在不同虚拟变量条件下对被解释变量类别进行划分；ANCOVA 模型含有定量解释变量，这种模型提供了一种方法，能在统计上控制定量变量的影响。

8.2　请问模型引入虚拟变量的两种基本方式是什么？其主要区别在哪里？

答：模型引入虚拟变量的两种基本方式是：加法方式和乘法方式。

其主要区别是：加法方式一般不会改变模型的斜率，只可能改变模型的截距。乘法方式一般不仅可能改变模型的截距，最重要的是会改变模型的斜率。正是因为这个原因，一般我们把加法方式引入的虚拟变量的系数称之为**级差截距系数**，而通过乘法方式引入的虚拟变量的系数称之为**级差斜率系数**，或**斜率漂移因子**（Slope Drifter）。

8.3　现有连续多年的月度数据，为检验以下假设，请问需要引入多少个虚拟变量？

（1）把一年中所有月份都看成季节类别。

（2）只把 2、4、6、8、10、12 月看成季节类别。

答：（1）如果模型有截距项，需要 11 个虚拟变量；如果没有截距项，需要 12 个虚拟变量。

（2）如果模型有截距项，需要5个虚拟解释变量；如果没有截距项，需要6个虚拟变量。

8.4　表8.6给出了1991—2011年中国货物进出口总额数据（单位：亿美元）。以2008年金融危机为转折点，试分析进出口总额时间序列的斜率是否有变化，其主要影响原因来自于进口总额还是出口总额。

表8.6　　1991—2011年中国货物进出口数据　　单位：亿美元

年份	进出总额（*Trade*）	出口总额（*Export*）	进口总额（*Import*）	差　额	*Time*	*D*
1991	1357.0	719.1	637.9	81.2	1	0
1992	1655.3	849.4	805.9	43.5	2	0
1993	1957.0	917.4	1039.6	122.2	3	0
1994	2366.2	1210.1	1156.1	54.0	4	0
1995	2808.6	1487.8	1320.8	167.0	5	0
1996	2898.8	1510.5	1388.3	122.2	6	0
1997	3251.6	1827.9	1423.7	404.2	7	0
1998	3239.5	1837.1	1402.4	434.7	8	0
1999	3606.3	1949.3	1657.0	292.3	9	0
2000	4742.9	2492.0	2250.9	241.1	10	0
2001	5096.5	2661.0	2435.5	225.5	11	0
2002	6207.7	3256.0	2951.7	304.3	12	0
2003	8509.9	4382.3	4127.6	254.7	13	0
2004	11545.5	5933.3	5612.3	320.9	14	0
2005	14219.1	7619.5	6599.5	1020.0	15	0
2006	17604.4	9689.8	7914.6	1775.2	16	0
2007	21765.7	12204.6	9561.2	2643.4	17	0
2008	25632.6	14306.9	11325.7	2981.2	18	1
2009	22075.4	12016.1	10059.2	1956.9	19	1
2010	29740.0	15777.5	13962.4	1815.1	20	1
2011	36418.6	18983.8	17434.8	1549.0	21	1

资料来源：中国统计年鉴．2012．http：//www.stats.gov.cn/tjsj/ndsj/2012/indexch.htm.

解：以时间 *Time* 为解释变量；货物进出口总额用 *Trade* 表示；

虚拟变量 $D=1$，$Time>18$（2009—2011）

$D=0$，$Time\leqslant 18$（1991—2008）

则模型设为：

$$Trade_t=\alpha_1+\alpha_2 D_t+\beta_1 Time_t+\beta_2 D_t Time_t+u_t$$

根据表8.6的数据，得到OLS回归结果为：

$$\hat{Trade}_t=-2899.018-46678.4D_t+1059.57Time_t+2942.68D_t Time_t$$

表 8.6.1 **表 8.6 进出口的回归结果**

Dependent Variable: TRADE
Method: Least Squares
Date: 07/24/13 Time: 01:25
Sample: 1991 2011
Included observations: 21

Variable	Coefficient	Std. Error	t-Statistic	Prob.
C	−2899.018	1602.498	−1.809062	0.0882
D1	−46678.4	27639.27	−1.688844	0.1095
TIME	1059.577	156.3878	6.775317	0
D1*TIME	2942.683	1421.324	2.070382	0.054
R-squared	0.924634	Mean dependent var	10795.17	
Adjusted R-squared	0.911335	S.D. dependent var	10608.55	
S.E. of regression	3158.879	Akaike info criterion	19.12347	
Sum squared resid	1.70E+08	Schwarz criterion	19.32242	
Log likelihood	−196.7964	Hannan-Quinn criter.	19.16664	
F-statistic	69.52234	Durbin-Watson stat	0.698354	
Prob(F-statistic)	0.00000			

从回归结果看到，级差截距系数 α_2 和级差斜率系数 β_2 所对应的 t 值分别为 −1.688844 和 2.070382，在 5%显著性水平下，查 t 分布表得临界值为 $t_{0.025}(17)=2.1$ 。所以，两个参数统计检验都不显著，也就是说，2008 年金融危机对中国货物进出口总额在结构变化上没有统计上的显著影响。这仅仅是一个统计上的检验结果，实际上，从下面图上可以看出，2008 年金融危机对中国货物进出口还是有一些影响的。

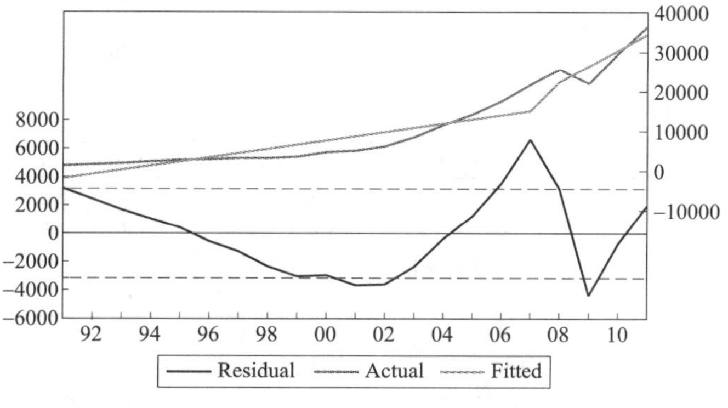

图 8.6.1 **表 8.6 残差图**

所以，可以直接对表 8.6 的数据进行回归：

$$\hat{Trade}_t = -6269.413 + 1551.326 Time_t$$

分别对中国货物出口和进口进行类似的回归，得到下面结果：

表 8.6.2　　　　表 8.6 出口的回归结果

Dependent Variable: Y
Method: Least Squares
Date: 07/23/13　Time: 03:29
Sample: 1991 2011
Included observations: 21

Variable	Coefficient	Std. Error	t-Statistic	Prob.
C	−1660.413	908.2722	−1.828101	0.0851
DT	−17763.11	15665.52	−1.133898	0.2726
T	580.223	88.63829	6.545964	0.0000
DT*T	1198.987	805.5851	1.488343	0.1550
R-squared	0.916376	Mean dependent var		5791.971
Adjusted R-squared	0.901619	S.D. dependent var		5708.155
S.E. of regression	1790.406	Akaike info criterion		17.98792
Sum squared resid	54494395	Schwarz criterion		18.18687
Log likelihood	−184.8731	Hannan-Quinn criter.		18.03109
F-statistic	62.09707	Durbin-Watson stat		0.696703
Prob(F-statistic)	0.00000			

从上面回归结果看出，级差截距系数和级差斜率系数所对应的 t 值分别为 −1.133898 和 1.488343。显然，两个参数的统计检验不显著，说明中国货物出口总额在 2008 年金融危机前后并没有结构变动。

表 8.6.3　　　　表 8.6 进口的回归结果

Dependent Variable: IMPORT
Method: Least Squares
Date: 07/24/13　Time: 02:35
Sample: 1991 2011
Included observations: 21

Variable	Coefficient	Std. Error	t-Statistic	Prob.
C	−1238.615	699.9767	−1.769508	0.0947
DT	−28915.34	12072.92	−2.395056	0.0284
T	479.3559	68.31074	7.017285	0.0000
DT*T	1743.694	620.839	2.808609	0.0121
R-squared	0.932914	Mean dependent var		5003.195
Adjusted R-squared	0.921075	S.D. dependent var		4911.467
S.E. of regression	1379.809	Akaike info criterion		17.46692
Sum squared resid	32365850	Schwarz criterion		17.66588
Log likelihood	−179.4027	Hannan-Quinn criter.		17.5101
F-statistic	78.8015	Durbin-Watson stat		0.70875
Prob(F-statistic)	0.00000			

从上面回归结果可以看出，级差截距系数和级差斜率系数所对应的 t 值分别为 −2.395056 和 2.808609。显然，两个参数的统计检验都是显著的（t 值都大于 2.1）。说明中国货物进口总额在 2008 年金融危机前后有结构变动。

2008 年金融危机前：$\hat{import}_t = -1238.615 + 479.3559 time_t$

2008 年金融危机后：$\hat{import}_t = -30153.955 + 2223.0499 time_t$

即 2008 年金融危机以后，中国货物进口总额年平均增长量大约为金融危机前的 4.6 倍。

8.5 表 **8.7** 给出了中国 **2011** 年城镇居民家庭人均可支配收入与人均现金消费支出，以及农村居民家庭人均纯收入与人均现金消费支出的相关数据。请根据所给数据判断 **2011** 年中国农村居民与城镇居民的边际消费倾向是否存在差异。

表 8.7　　2011 年中国居民家庭人均可支配收入与现金消费指出数据　　单位：元

地区	城镇居民			农村居民		
	现金消费支出	可支配收入	虚拟变量 D	现金消费支出	纯收入	虚拟变量 D
北　京	21984.37	32903.03	0	11021.24	14735.68	1
天　津	18424.09	26920.86	0	6673.27	12321.22	1
河　北	11609.29	18292.23	0	4514.19	7119.69	1
山　西	11354.30	18123.87	0	4355.78	5601.40	1
内蒙古	15878.07	20407.57	0	4827.99	6641.56	1
辽　宁	14789.61	20466.84	0	5081.4	8296.54	1
吉　林	13010.63	17796.57	0	4891.64	7509.95	1
黑龙江	12054.19	15696.18	0	5024.72	7590.68	1
上　海	25102.14	36230.48	0	10834.1	16053.79	1
江　苏	16781.74	26340.73	0	7709.07	10804.95	1
浙　江	20437.45	30970.68	0	9792.5	13070.69	1
安　徽	13181.46	18606.13	0	4499.35	6232.21	1
福　建	16661.05	24907.4	0	6112.99	8778.55	1
江　西	11747.21	17494.87	0	4029.49	6891.63	1
山　东	14560.67	22791.84	0	5623.58	8342.13	1
河　南	12336.47	18194.8	0	4047.87	6604.03	1
湖　北	13163.77	18373.87	0	4382.95	6897.92	1
湖　南	13402.87	18844.05	0	4355.7	6567.06	1
广　东	20251.82	26897.48	0	6149.94	9371.73	1
广　西	12848.37	18854.06	0	3522.59	5231.33	1
海　南	12642.75	18368.95	0	3781.63	6446.01	1
重　庆	14974.49	20249.7	0	3734.59	6480.41	1
四　川	13696.30	17899.12	0	3924.27	6128.55	1
贵　州	11352.88	16495.01	0	2670.73	4145.35	1
云　南	12248.03	18575.62	0	3205.35	4721.99	1
西　藏	10398.91	16195.56	0	2235.62	4904.28	1
陕　西	13782.75	18245.23	0	4254.92	5027.87	1
甘　肃	11188.57	14988.68	0	3151.1	3909.37	1
青　海	10955.46	15603.31	0	3920.15	4608.46	1
宁　夏	12896.04	17578.92	0	4209.55	5409.95	1
新　疆	11839.40	15513.62	0	3889.69	5442.15	1

资料来源：中国统计年鉴. 2012. http：//www.stats.gov.cn/tjsj/ndsj/2012/indexch.htm.

解：设 Y 代表人均现金消费支出，X 代表人均可支配收入，D 为虚拟变量，当 $D=1$ 时，为农村居民；当 $D=0$ 时，为城镇居民。则可构建模型为：

$$Y_i = \alpha_1 + \alpha_2 D_i + \beta_1 X_i + \beta_2 D_i X_i + u_i$$

OLS 样本回归模型为：

$$\hat{Y}_i = 1104.87 - 1168.36 D_i + 0.6438 X_i + 0.0392 D_i X_i$$

从下面的结果可以看出：参数级差截系数和级差斜率系数所对应的 t 值分别为 -1.794656 和 0.759783。显然，这两个参数的统计检验不显著。从而，表明农村居民与城镇居民的边际消费倾向并无显著差异。他们可以共同使用下列消费函数：

$$\hat{Y}_i = -28.68176 + 0.693409 X_i$$

表 8.7.1　　　　表 8.7 的回归结果

Dependent Variable: Y
Method: Least Squares
Date: 07/23/13　　Time: 04:32
Sample: 1 62
Included observations: 62

Variable	Coefficient	Std. Error	t-Statistic	Prob.
C	1104.871	541.1502	2.04171	0.0457
DI	−1168.362	651.0229	−1.794656	0.0779
X	0.643842	0.02544	25.30862	0.0000
DI*X	0.039232	0.051636	0.759783	0.4505
R-squared	0.982657	Mean dependent var		9709.405
Adjusted R-squared	0.98176	S.D. dependent var		5532.885
S.E. of regression	747.2504	Akaike info criterion		16.13302
Sum squared resid	32386222	Schwarz criterion		16.27025
Log likelihood	−496.1236	Hannan-Quinn criter.		16.1869
F-statistic	1095.422	Durbin-Watson stat		1.695056
Prob(F-statistic)	0.00000			

直接回归结果：

表 8.7.1 **表 8.7 简单回归结果**

Dependent Variable: Y
Method: Least Squares
Date: 07/24/13 Time: 04:12
Sample: 1 62
Included observations: 62

Variable	Coefficient	Std. Error	t-Statistic	Prob.
C	−28.68176	199.8975	−0.143482	0.8864
X	0.693409	0.012429	55.79143	0.0000
R-squared	0.981089	Mean dependent var		9709.405
Adjusted R-squared	0.980773	S.D. dependent var		5532.885
S.E. of regression	767.1904	Akaike info criterion		16.15507
Sum squared resid	35314869	Schwarz criterion		16.22369
Log likelihood	−498.8073	Hannan-Quinn criter.		16.18201
F-statistic	3112.683	Durbin-Watson stat		1.473318
Prob(F-statistic)	0.00000			

8.6 表 **8.8** 给出 **1990—2011** 年中国货币供应量数据。试以 **2008** 年为转折点，建立中国货币供应量的分段线性回归，并分析货币流通量的变化情况。

表 8.8 **1990—2011 年中国货币供应量数据** 单位：亿元

年份	货币和准货币 $M2$	时间 T	虚拟变量 D
1990	**15293.4**	**1**	**0**
1991	**19349.9**	**2**	**0**
1992	**25402.2**	**3**	**0**
1993	**34879.8**	**4**	**0**
1994	**46923.5**	**5**	**0**
1995	**60750.5**	**6**	**0**
1996	**76094.9**	**7**	**0**
1997	**90995.3**	**8**	**0**
1998	**104498.5**	**9**	**0**
1999	**119897.9**	**10**	**0**
2000	**134610.3**	**11**	**0**
2001	**158301.9**	**12**	**0**
2002	**185007.0**	**13**	**0**
2003	**221222.8**	**14**	**0**
2004	**254107.0**	**15**	**0**
2005	**298755.7**	**16**	**0**
2006	**345603.6**	**17**	**0**
2007	**403442.2**	**18**	**0**
2008	**475166.6**	**19**	**1**
2009	**606225.0**	**20**	**1**
2010	**725851.8**	**21**	**1**
2011	**851590.9**	**22**	**1**

资料来源：中国统计年鉴. **2012. http：//www.stats.gov.cn/tjsj/ndsj/2012/indexch.htm.**

解：建立分段线性回归模型：

$$Y_t=\alpha_1+\beta_1T_t+\beta_2D_t(T_t-19)+u_t$$

其中，Y 代表货币供应量；T 代表时间；T^* 代表临界值=19；

$D_t=\begin{cases}1，若 T>T^* \\ 0，若 T\leqslant T^*\end{cases}$。那么，OLS 回归结果为：

$$\hat{Y}_t=-74762+23869.73T_t+143281.9D_t(T_t-19)$$

其中，斜率系数 β_2 估计值的 t 值为 9.205974。显然，β_2 是统计上显著的。即说明中国货币供应量，在 2008 年后发生了某种程度上的“突变”。也可以解释为：2008 年金融危机后，中国货币供给量明显增加。

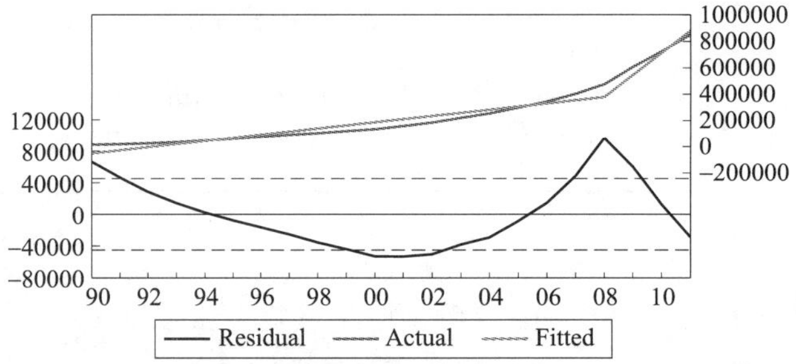

图 8.8.1　表 8.8 的残差图

表 8.8.1　　**表 8.8 的分段函数回归结果**

Dependent Variable: Y
Method: Least Squares
Date: 07/23/13　　Time: 04:50
Sample: 1990 2011
Included observations: 22

Variable	Coefficient	Std. Error	t-Statistic	Prob.
C	−74762	21375.74	−3.497516	0.0024
T	23869.73	1839.08	12.97917	0.0000
(T−19)*DT	143281.9	15564.02	9.205974	0.0000
R-squared	0.967677	Mean dependent var		238816.8
Adjusted R-squared	0.964275	S.D. dependent var		239118.5
S.E. of regression	45196.05	Akaike info criterion		24.40153
Sum squared resid	3.88E+10	Schwarz criterion		24.55031
Log likelihood	−265.4168	Hannan-Quinn criter.		24.43658
F-statistic	284.4103	Durbin-Watson stat		0.296202
Prob(F-statistic)	0.00000			

8.7 如图 **8.4** 所示：假设在 X^* 处分段线性回归不仅斜率发生了变化，而且回归线还发生了跳跃。请问：你将如何修正分段线性回归方程（**8.1.27**）？

$$Y_i = \alpha_1 + \beta_1 X_i + \beta_2 (X_i - X^*) D_i + u_i$$

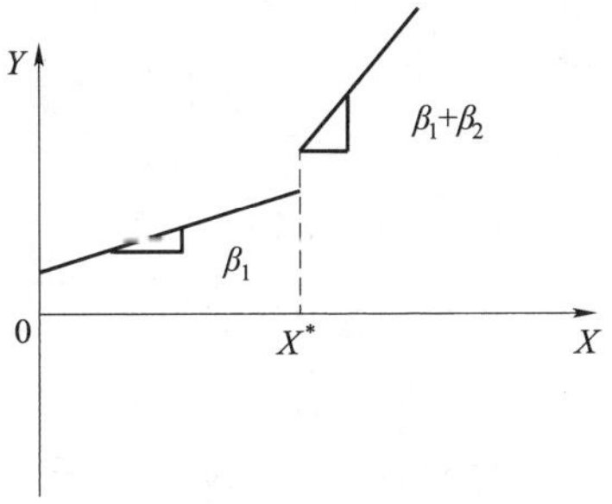

图 8.7　不连续的分段线性回归

解：设修正模型为：

$$Y_i = \alpha_1 + \alpha_2 D_i + \beta_1 X_i + \beta_2 (X_i - X^*) D_i + u_i$$

从而，假定 $E(u_i)=0$，得到

$$E(Y_i \mid X_i, X^*, D_i = 0) = \alpha_1 + \beta_1 X_i$$

$$E(Y_i \mid X_i, X^*, D_i = 1) = (\alpha_1 + \alpha_2 - \beta_2 X^*) + (\beta_1 + \beta_2) X_i$$

因此，当 X 超过 X^* 时，截距跳跃了 α_2，而斜率增加了 β_2。

8.8 用下列半对数模型（**Semi-log Models**）或线性到对数模型（**Log-lin Models**）来表示小时工资模型：

$$\ln Y = \beta_1 + \beta_2 D_i + u_i$$

其中，Y 表示小时工资率（美元）；

D 为表示性别的虚拟变量，即 $D=1$ 时，表示女性；$D=0$，表示男性。

（1）请分别写出男性和女性工人的工资函数；

（2）假设工资模型根据某数据的回归结果为：

$$\ln \hat{Y}_i = 2.1763 - 0.2437 D_i$$

$$t = (72.29)\quad(-5.50)$$

请解释上述回归系数的经济含义。

解：（1）假定 $E(u_i)=0$，得

男性工人的工资函数为：

$$E(Y_i \mid D_i = 0) = \beta_1$$

女性工人的工资函数为：

$$E(Y_i \mid D_i = 1) = \beta_1 + \beta_2$$

（2）我们知道，在半对数模型（线性到对数模型）中，斜率系数表示给定解释变量绝对改变量时被解释变量的相对改变量或百分比变化，或增长率（Growth Rate），即 100 乘以斜率系数得出的增长率，也称为 Y 对 X 的半弹性（Semi-elasticity）。则女性小时工资函数为：

$$E(Y_i \mid D_i = 1) = \beta_1 + \beta_2 = 2.1763 - 0.2437 = 1.92857$$

对上述结果取反对数，得 6.8796 美元，另外 2.1763 的反对数为 8.8136 美元。因此，与男性工人相比，女性工人每小时工资约低 21.94% [（8.8136–6.8796）/8.8136]。

另外，还可以直接对所估计的虚拟变量取反对数并减去 1，再乘以 100 即可。因此，取–0.2437 的反对数得到 0.7837，减去 1 后得到–0.2163，再乘以 100 便得到–21.63%，即女性工人工资比男性工人约低 21.63%。实际上，上述的两个结果是一样的，只是由于计算过程中四舍五入产生了误差。因为

$$(e^{\beta_1+\beta_2} - e^{\beta_1}) / e^{\beta_1} = e^{\beta_2} - 1$$

8.9　根据 20 世纪 70 年代早期 101 个国家以美元计人均收入（X）和以年计预期寿命（Y）的数据，森（Sen）和斯里瓦斯特瓦（Srivastava）得到如下回归结果[①] [半对数模型或对数到线性模型（Lin-log Models）]：

$$\boldsymbol{Y_i = -2.40 + 9.39\ln X_i - 3.36[D_i(\ln X_i - 7)]}$$

$$\boldsymbol{se = (4.73)(0.859) \quad (2.42) \qquad R^2 = 0.752}$$

其中 D_i 在 $\ln X_i$ 大于 7 时取值 1，否则取值 0。注：当 $\ln X_i=7$ 时，$X_i=1097$ 美元。

（1）请解释 $\ln X_i$ 的系数 9.39 的含义。

（2）请解释引入虚拟变量 D_i 的含义以及对应系数–3.36 的含义。

（3）假定穷国与富国之间的分界线为人均收入 1097 美元，试导出穷国和富国的回归线。

（4）从这个回归结果中你能得到什么一般结论？

解：（1）在半对数模型（对数到线性模型）中，斜率系数表示解释变量变化 1% 时被解释变量的绝对变化量，即斜率系数除以 100 得到解释变量的绝对变化量。

因此，$\ln X_i$ 的系数 9.39 的含义是：人均收入提高 1%时，则平均期望寿命可提高约 0.0939 年。

（2）虚拟变量 D 的引入将模型变为分段线性回归模型。当 $\ln X_i$ 大于 7 时，D 取值 1，即 $X_i > 1\,097$，说明人均收入高于 1097 美元的国家的期望寿命模型；否则，当 $\ln X_i$

① 古扎拉蒂．计量经济学基础：上［M］．第五版．北京：中国人民大学出版社，2011：308.

小于 7 时，D 取值 0，即 X_i 不超过 1097，说明人均收入低于 1097 美元的国家的期望寿命模型。斜率系数估计值–3.36 表示人均收入每提高 1%，预期寿命就会减少 0.0336 年。

（3）人均收入低于 1097 美元的国家，其回归为：

$$\hat{Y}_i - 2.40 + 9.39\ln X_i$$

人均收入高于 1097 美元的国家，其回归为：

$$\hat{Y}_i = -2.40 + (9.39 - 3.36)\ln X_i + 3.36 \times 7 = 21.12 + 6.03\ln X_i$$

（4）回归模型的参数估计值对应的 t 分别为–0.5074、10.9313、1.3884。说明估计系数 $\hat{\beta}_2 = -3.36$ 在统计上不显著。穷国与富国预期寿命在统计上不显著。

第九章

模型设定误差

本章学习目的：掌握模型设定误差的类型及后果；熟悉模型设定误差的检验方法；了解什么是测量误差。

本章学习重点：掌握模型设定误差的类型及后果；熟悉 *DW* 检验方法来判断模型设定误差；熟悉拉姆齐的 RESET 检验对模型一般性设定误差检验；熟悉拉格朗日乘数检验。熟悉上述检验方法中对 EViews 软件的使用。

9.1　请问为什么模型会出现设定误差？模型设定误差有哪些类型？

答：在经典线性回归模型（CLRM）的假定下，通常我们认为所使用的模型都是正确的，所关心的问题是对模型回归的结果进行检验，比如，R^2 检验、F 检验、t 检验等，当然，还要对随机误差项 u 进行自相关和异方差检验。如果这些检验在统计上都“通过了”或者针对“多重共线性、异方差”和“自相关”等问题对模型都进行了修正，那么最终得到的便是一个“可用”的模型。然而，这种计量经济学模型并非是“万能的”或“绝对正确的”，因为它仅仅是根据观测数据对经济理论的一种统计上的验证。因此，假设正确的模型，可能是不正确的，我们把这个问题叫做模型设定误差（Model Specification Error）。

我们把模型设定误差归纳为如下类型：

（1）漏掉一个有关变量；

（2）包含一无关变量；

（3）采用错误的函数形式；

（4）测量误差；

（5）对随机误差项设定不正确。

9.2 请问 *DW* 检验是否仍适用对模型设定误差的检验？与模型自相关检验的区别在哪里？

答：适合。*DW* 检验是通过检验随机干扰项是否存在自相关，来检验模型是否遗漏了有关变量。但这种检验有时候需要结合其他检验来确定模型存在遗漏有关变量（非纯自相关），还是模型真的存在自相关（纯自相关）。与自相关检验的区别是：将残差序列按照遗漏解释变量的递增次序排列，对排序后残差序列计算 d 统计量。若统计量显示为正自相关，则拒绝原假设，首先考虑存在模型设定误差。

9.3 假设真实模型为：

$$Y_i=\beta_1X_i+u_i$$

但是错误地采用了带有截距项的模型：

$$Y_i=\alpha_0+\alpha_1X_i+v_i$$

请问这样的模型设定会带来什么后果？

解：对于不带截距项模型的参数估计：

对残差平方和 $\sum(Y_i-\hat{Y}_i)^2=\sum(Y_i-\hat{\beta}_1X_i)^2$ 求导数并令其为零，得

$$\frac{\mathrm{d}}{\mathrm{d}\beta_1}[\sum(Y_i-\hat{\beta}_1X_i)^2]=-2\sum(Y_i-\hat{\beta}_1X_i)X_i=0$$

由上式解得，

$$\hat{\beta}_1=\frac{\sum X_iY_i}{\sum X_i^2}$$

将 $Y_i=\beta_1X_i+u_i$ 代入上式，得，

$$\hat{\beta}_1=\frac{\sum X_iY_i}{\sum X_i^2}=\frac{\sum X_i(\beta_1X_i+u_i)}{\sum X_i^2}=\beta_1+\frac{\sum X_iu_i}{\sum X_i^2}$$

$$E(\hat{\beta}_1)=\beta_1$$

$$Var(\hat{\beta}_1)=Var(\beta_1)+Var\left(\frac{\sum X_iu_i}{\sum X_i^2}\right)=\frac{\sigma_u^2}{(\sum X_i^2)}$$

上述证明利用了经典假定 u_i 具有同方差和无自相关以及 X_i 是非随机变量的条件。

对于带截距项的模型的参数估计：

$$\hat{\alpha}_1=\frac{\sum x_iy_i}{\sum x_i^2}$$

由 $y_i=\beta_1x_i+u_i-\bar{u}$，代入上式得，

$$\hat{\alpha}_1=\frac{\sum x_iy_i}{\sum x_i^2}=\frac{\sum x_i(\beta_1x_i+u_i-\bar{u})}{\sum x_i^2}=\beta_1+\frac{\sum x_iu_i}{\sum x_i^2}$$

$$E(\hat{\alpha}_1)=\beta_1$$

$$Var(\hat{\alpha}_1)=\frac{\sigma_v^2}{\sum x_i^2}$$

虽然斜率系数仍是无偏估计量，但其方差不是无偏的。

9.4 假设美国对巴西咖啡的需求量（Y）与巴西咖啡的价格（P_{bc}）、茶的价格（P_t）和美国的可支配收入（D）相关，并根据有关数据得到如下回归结果[①]：

$$\begin{aligned}&\hat{Y}=9.1+7.8P_{bc}+2.4P_t+0.0035D\\&t=\quad(0.5)\quad(2.0)\quad(3.5)\\&\bar{R}^2=0.60\quad n=25\end{aligned}\tag{a}$$

而把哥伦比亚咖啡的价格加进来可以得到另外一个回归结果：

$$\begin{aligned}&\hat{Y}=10.0+8.0P_{cc}-5.6P_{bc}+2.6P_t+0.0030D\\&t=\quad(2.0)\quad(-2.8)\quad(2.0)\quad(3.0)\\&\bar{R}^2=0.65\quad n=25\end{aligned}\tag{b}$$

请问，根据上述回归结果，哪个模型存在设定误差？为什么？

解：模型（a）存在设定误差，因为P_{bc}的系数估计值的符号与实际预测结果相反。

9.5 表 9.5 给出了 1960—1982 年美国对鸡肉需求的相关数据。假设考虑如下模型：

$$Y_t=\alpha_1+\alpha_2X_{2t}+\alpha_3X_{3t}+u_t\tag{a}$$

$$Y_t=\beta_1+\beta_2X_{2t}+\beta_3X_{3t}+\beta_4X_{4t}+v_t\tag{b}$$

$$\ln Y_t=\lambda_1+\lambda_2\ln X_{2t}+\lambda_3\ln X_{3t}+w_t\tag{c}$$

$$\ln Y_t=\gamma_1+\gamma_2\ln X_{2t}+\gamma_3\ln X_{3t}+\gamma_4\ln X_{4t}+\varepsilon_t\tag{d}$$

其中Y代表人均鸡肉消费量，单位为磅；X_2代表实际人均可支配收入，单位为美元；X_3代表实际鸡肉零售价，单位为美分；X_4代表鸡肉替代品的实际复合价格，单位为美分。

（1）请分别对上述模型进行 OLS 估计，同时对所得到的模型进行 RESET 检验。

（2）假设模型（c）的 RESET 检验不显著，是否可以确认模型已经不存在设定误差？

（3）假设发现$\hat{\gamma}_4$在统计上不显著，是否意味着模型（c）不存在设定误差？

① 施图德蒙德. 应用计量经济学［M］. 北京：机械工业出版社，2011：97–98.

表 9.5　　1960—1982 年美国对鸡肉需求的相关数据

年份	Y	X2	X3	X4
1960	27.8	397.5	42.2	65.8
1961	29.9	413.3	38.1	66.9
1962	29.8	439.2	40.3	67.8
1963	30.8	459.7	39.5	69.6
1964	31.2	492.9	37.3	68.7
1965	33.3	528.6	38.1	73.6
1966	35.6	560.3	39.3	76.3
1967	36.4	624.6	37.8	77.2
1968	36.7	666.4	38.4	78.1
1969	38.4	717.8	40.1	84.7
1970	40.4	768.2	38.6	93.3
1971	40.3	843.3	39.8	89.7
1972	41.8	911.6	39.7	100.7
1973	40.4	931.1	52.1	113.5
1974	40.7	1021.5	48.9	115.3
1975	40.1	1165.9	58.3	136.7
1976	42.7	1349.6	57.9	139.2
1977	44.1	1449.4	56.5	132.0
1978	46.7	1575.5	63.7	132.1
1979	50.6	1759.1	61.6	154.4
1980	50.1	1994.2	58.9	174.9
1981	51.7	2258.1	66.4	180.8
1982	52.9	2478.7	70.4	189.4

资料来源：古扎拉蒂. 计量经济学基础[M]. 北京：中国人民大学出版社，2011：223–224. http：//highered.mcgraw-hill.com/sites/0073375772/student_view0/data_sets.html.

解：（1）对模型回归和 RESET 检验结果为：

（a）

表 9.5.1 **表 9.5 模型（a）的回归结果**

Dependent Variable: Y
Method: Least Squares
Date: 08/17/13 Time: 05:53
Sample: 1960 1982
Included observations: 23

Variable	Coefficient	Std. Error	t-Statistic	Prob.
C	34.51561	3.855779	8.951655	0.0000
X2	0.014884	0.002193	6.785304	0.0000
X3	−0.213592	0.121905	−1.752115	0.0951
R-squared	0.910821	Mean dependent var		39.66957
Adjusted R-squared	0.901903	S.D. dependent var		7.372950
S.E. of regression	2.309239	Akaike info criterion		4.632821
Sum squared resid	106.6517	Schwarz criterion		4.780929
Log likelihood	−50.27744	Hannan-Quinn criter.		4.670070
F-statistic	102.1340	Durbin-Watson stat		0.432741
Prob(F-statistic)	0.000000			

表 9.5.2 **表 9.5 模型（a）的 RESET 检验结果**

Ramsey RESET Test：

F-statistic	52.43047	Prob. F（1,19）	0.0000
Log likelihood ratio	30.45857	Prob. Chi-Square（1）	0.0000

Test Equation：
Dependent Variable: Y
Method: Least Squares
Date: 08/17/13 Time: 07:08
Sample: 1960 1982
Included observations: 23

Variable	Coefficient	Std. Error	t-Statistic	Prob.
C	81.51392	6.803794	11.98066	0.0000
X2	0.065272	0.007055	9.251882	0.0000
X3	−0.979439	0.123885	−7.906007	0.0000
FITTED^2	−0.038491	0.005316	−7.240889	0.0000
R-squared	0.976279	Mean dependent var		39.66957
Adjusted R-squared	0.972534	S.D. dependent var		7.372950
S.E. of regression	1.221918	Akaike info criterion		3.395492
Sum squared resid	28.36860	Schwarz criterion		3.592969
Log likelihood	−35.04816	Hannan-Quinn criter.		3.445157
F-statistic	260.6595	Durbin-Watson stat		1.680330
Prob(F-statistic)	0.000000			

在给定显著性水平 5%的条件下，查 F 分布表得临界值为 $F_{0.05}(1,19)=4.38$，$F=52.43>F_{0.05}(1,19)=4.38$，说明模型存在设定误差。

（b）

表 9.5.3　　表 9.5 模型（b）的回归结果

Dependent Variable: Y
Method: Least Squares
Date: 08/17/13　Time: 05:55
Sample: 1960 1982
Included observations: 23

Variable	Coefficient	Std. Error	t-Statistic	Prob.
C	32.58685	3.973786	8.200455	0.0000
X2	0.009584	0.004198	2.283227	0.0341
X3	−0.296460	0.131339	−2.257219	0.0360
X4	0.105615	0.072052	1.465817	0.1591

R-squared	0.919881	Mean dependent var	39.66957
Adjusted R-squared	0.907231	S.D. dependent var	7.372950
S.E. of regression	2.245654	Akaike info criterion	4.612642
Sum squared resid	95.81631	Schwarz criterion	4.810119
Log likelihood	−49.04538	Hannan-Quinn criter.	4.662307
F-statistic	72.71600	Durbin-Watson stat	0.642705
Prob(F-statistic)	0.000000		

表 9.5.4　　表 9.5 模型（b）的 RESET 检验结果

Ramsey RESET Test:

F-statistic	56.27309	Prob. F（1,18）	0.0000
Log likelihood ratio	32.59967	Prob. Chi-Square（1）	0.0000

Test Equation:
Dependent Variable: Y
Method: Least Squares
Date: 08/17/13　Time: 07:13
Sample: 1960 1982
Included observations: 23

Variable	Coefficient	Std. Error	t-Statistic	Prob.
C	76.88170	6.237453	12.32582	0.0000
X2	0.049010	0.005668	8.646307	0.0000
X3	−1.279387	0.146907	−8.708836	0.0000
X4	0.346161	0.048542	7.131227	0.0000
FITTED^2	−0.039390	0.005251	−7.501539	0.0000

R-squared	0.980583	Mean dependent var	39.66957
Adjusted R-squared	0.976268	S.D. dependent var	7.372950
S.E. of regression	1.135806	Akaike info criterion	3.282221
Sum squared resid	23.22098	Schwarz criterion	3.529068
Log likelihood	−32.74555	Hannan-Quinn criter.	3.344303
F-statistic	227.2594	Durbin-Watson stat	1.681724
Prob(F-statistic)	0.000000		

在给定显著性水平 5%条件下，查 F 分布表得临界值为 $F_{0.05}(1,18)=4.41$，$F=56.27>F_{0.05}(1,18)=4.41$，说明模型存在设定误差。

（c）

表 9.5.5　　　　表 9.5 模型（c）的回归结果

Dependent Variable: LNY
Method: Least Squares
Date: 08/17/13　Time: 05:59
Sample: 1960 1982
Included observations: 23

Variable	Coefficient	Std. Error	t-Statistic	Prob.
C	2.032820	0.116183	17.49673	0.0000
LNX2	0.451528	0.024695	18.28435	0.0000
LNX3	−0.372212	0.063466	−5.864740	0.0000
R-squared	0.980074	Mean dependent var		3.663887
Adjusted R-squared	0.978082	S.D. dependent var		0.187659
S.E. of regression	0.027783	Akaike info criterion		−4.207711
Sum squared resid	0.015437	Schwarz criterion		−4.059603
Log likelihood	51.38868	Hannan-Quinn criter.		−4.170462
F-statistic	491.8681	Durbin-Watson stat		1.875601
Prob(F-statistic)	0.000000			

表 9.5.6　　　　表 9.5 模型（c）的 RESET 检验结果

Ramsey RESET Test:

F-statistic	2.551013	Prob. F（1,19）	0.1267
Log likelihood ratio	2.897629	Prob. Chi-Square（1）	0.0887

Test Equation:
Dependent Variable: LNY
Method: Least Squares
Date: 08/17/13　Time: 07:18
Sample: 1960 1982
Included observations: 23

Variable	Coefficient	Std. Error	t-Statistic	Prob.
C	2.392514	0.251483	9.513604	0.0000
LNX2	1.427953	0.611803	2.334009	0.0307
LNX3	−1.137118	0.482795	−2.355283	0.0294
FITTED^2	−0.300269	0.187998	−1.597189	0.1267
R-squared	0.982433	Mean dependent var		3.663887
Adjusted R-squared	0.979659	S.D. dependent var		0.187659
S.E. of regression	0.026764	Akaike info criterion		−4.246738
Sum squared resid	0.013610	Schwarz criterion		−4.049261
Log likelihood	52.83749	Hannan-Quinn criter.		−4.197073
F-statistic	354.1922	Durbin-Watson stat		1.757313
Prob(F-statistic)	0.000000			

在给定显著性水平 5%的条件下，查 F 分布表得临界值为 $F_{0.05}(1,19)=4.38$，$F=2.55<F_{0.05}(1,19)=4.38$，说明模型不存在设定误差。

（d）

表 9.5.7　　　　表 9.5 模型（d）的回归结果

Dependent Variable: LNY
Method: Least Squares
Date: 08/17/13　　Time: 06:00
Sample: 1960 1982
Included observations: 23

Variable	Coefficient	Std. Error	t-Statistic	Prob.
C	2.029865	0.118682	17.10338	0.0000
LNX2	0.481286	0.068188	7.058251	0.0000
LNX3	−0.350628	0.079394	−4.416310	0.0003
LNX4	−0.061035	0.129960	−0.469645	0.6440
R-squared	0.980303	Mean dependent var		3.663887
Adjusted R-squared	0.977193	S.D. dependent var		0.187659
S.E. of regression	0.028340	Akaike info criterion		−4.132296
Sum squared resid	0.015260	Schwarz criterion		−3.934819
Log likelihood	51.52141	Hannan-Quinn criter.		−4.082631
F-statistic	315.2063	Durbin-Watson stat		1.910653
Prob(F-statistic)	0.000000			

表 9.5.8　　　　表 9.5 模型（d）的 RESET 检验结果

Ramsey RESET Test:

F-statistic	2.398063	Prob. F（1,18）	0.1389
Log likelihood ratio	2.876569	Prob. Chi-Square（1）	0.0899

Test Equation:
Dependent Variable: LNY
Method: Least Squares
Date: 08/17/13　　Time: 07:25
Sample: 1960 1982
Included observations: 23

Variable	Coefficient	Std. Error	t-Statistic	Prob.
C	2.380188	0.253569	9.386741	0.0000
LNX2	1.524349	0.676773	2.252378	0.0370
LNX3	−1.061742	0.465556	−2.280587	0.0350
LNX4	−0.204386	0.155889	−1.311104	0.2063
FITTED^2	−0.299333	0.193297	−1.548568	0.1389
R-squared	0.982619	Mean dependent var		3.663887
Adjusted R-squared	0.978756	S.D. dependent var		0.187659
S.E. of regression	0.027352	Akaike info criterion		−4.170408
Sum squared resid	0.013466	Schwarz criterion		−3.923562
Log likelihood	52.95969	Hannan-Quinn criter.		−4.108327
F-statistic	254.3995	Durbin-Watson stat		1.829949
Prob(F-statistic)	0.000000			

在给定显著性水平5%的条件下，查 F 分布表得临界值为 $F_{0.05}(1,18)=4.41$，$F=2.398<F_{0.05}(1,18)=4.41$，说明模型不存在设定误差。

（2）虽然模型RESET检验和LM检验都不显著，但仍不能确认模型已经不存在设定误差，需要实际经济理论的支持才可以确认。

（3）$\hat{\gamma}_4$ 的 t 检验值为–0.4696在统计上不显著，但这并非意味着模型（c）无设定误差，在一个模型中引入解释变量的根据是可靠的经济理论，而不是统计检验。

9.6 根据习题7.11中表7.5中的数据构建如下模型：

$$\boldsymbol{Y_t=\alpha_1+\alpha_2X_t+u_t} \quad \text{(a)}$$

$$\boldsymbol{Y_t=\beta_1+\beta_2X_t+\beta_3P_t+v_t} \quad \text{(b)}$$

其中 Y_t 为实际货币流通量，X_t 为贷款额，P_t 为居民消费价格指数。

（1）请用适当方法对上述模型进行设定误差检验（*DW* 检验、RESET检验）；

（2）如果模型存在设定误差，并重新设定为：

$$\boldsymbol{Y_t=\beta_1+\beta_2X_t+\beta_3P_t+\beta_4Y_{t-1}+w_t}$$

请问模型是否还存在设定误差？

解：（1）模型（a）

DW 检验：按照 X 排序后回归结果：

表7.5.4　　　　表7.5（a）回归结果的 *DW* 检验

Dependent Variable: Y
Method: Least Squares
Date: 06/04/15　Time: 20:13
Sample: 1978 2011
Included observations: 34

Variable	Coefficient	Std. Error	t-Statistic	Prob.
C	2057.690	478.8455	4.297191	0.0002
X	0.096620	0.002701	35.76971	0.0000
R-squared	0.975600		Mean dependent var	12473.88
Adjusted R-squared	0.974837		S.D. dependent var	13972.95
S.E. of regression	2216.489		Akaike info criterion	18.30226
Sum squared resid	1.57E+08		Schwarz criterion	18.39204
Log likelihood	–309.1384		Hannan-Quinn criter.	18.33288
F-statistic	1279.472		Durbin-Watson stat	0.230509
Prob(F-statistic)	0.000000			

$DW=0.2305$，$n=34$，$k'=1$，给定显著性水平5%的条件下，查表得临界值为 $d_L=1.393$，$d_U=1.514$，$DW=0.2305<d_L=1.393$，说明存在正自相关，首先考虑是模型设定错误，即模型遗漏了解释变量。

RESET 检验：

表 7.5.5　　　　表 7.5（a）回归结果的 RESET 检验

Ramsey RESET Test:

F-statistic	181.1130	Prob. F（1,31）	0.0000
Log likelihood ratio	65.38649	Prob. Chi-Square（1）	0.0000

Test Equation:
Dependent Variable: Y
Method: Least Squares
Date: 06/04/15　　Time: 20:35
Sample: 1978 2011
Included observations: 34

Variable	Coefficient	Std. Error	t-Statistic	Prob.
C	537.7702	217.5940	2.471438	0.0192
X	0.141159	0.003472	40.65804	0.0000
FITTED^2	−9.64E−06	7.16E−07	−13.45782	0.0000

R-squared	0.996434	Mean dependent var	12473.88
Adjusted R-squared	0.996204	S.D. dependent var	13972.95
S.E. of regression	860.9082	Akaike info criterion	16.43795
Sum squared resid	22976052	Schwarz criterion	16.57263
Log likelihood	−276.4452	Hannan-Quinn criter.	16.48388
F-statistic	4331.067	Durbin-Watson stat	1.231836
Prob(F-statistic)	0.000000		

给定显著性水平 5%的条件下，查 F 分布表得临界值为 $F_{0.05}(1,31)=4.16$，$F=181.11>F_{0.05}(1,31)=4.16$，即模型存在设定误差。

模型（b）

DW 检验：按照 X 排序后回归结果：

表 7.5.6　　　　表 7.5（b）回归结果的 *DW* 检验

Dependent Variable: Y
Method: Least Squares
Date: 06/04/15　　Time: 20:48
Sample: 1978 2011
Included observations: 34

Variable	Coefficient	Std. Error	t-Statistic	Prob.
C	−2079.648	534.5712	−3.890312	0.0005
X	0.079881	0.002391	33.41513	0.0000
P	40.55061	4.582824	8.848389	0.0000

R-squared	0.993079	Mean dependent var	12473.88
Adjusted R-squared	0.992633	S.D. dependent var	13972.95
S.E. of regression	1199.340	Akaike info criterion	17.10103
Sum squared resid	44590918	Schwarz criterion	17.23571
Log likelihood	−287.7175	Hannan-Quinn criter.	17.14696
F-statistic	2224.125	Durbin-Watson stat	0.478964
Prob(F-statistic)	0.000000		

$DW=0.4789$，$n=34$，$k'=2$，给定显著性水平 5%的条件下，查表得临界值为 $d_L=1.333$，$d_U=1.580$，$DW=0.4789<d_L=1.333$，说明存在正自相关，首先考虑是模型设定错误，即模型遗漏了解释变量。

RESET 检验：

表 7.5.7　　　　表 7.5（b）回归结果的 RESET 检验

Ramsey RESET Test:

F-statistic	52.93577	Prob. F(1,30)	0.0000
Log likelihood ratio	34.57355	Prob. Chi-Square(1)	0.0000

Test Equation:
Dependent Variable: Y
Method: Least Squares
Date: 06/04/15　　Time: 20:51
Sample: 1978 2011
Included observations: 34

Variable	Coefficient	Std. Error	t-Statistic	Prob.
C	−911.0341	364.1608	−2.501736	0.0180
X	0.128287	0.006812	18.83320	0.0000
P	18.23702	4.154030	4.390201	0.0001
FITTED^2	−9.07E−06	1.25E−06	−7.275697	0.0000

R-squared	0.997497	Mean dependent var	12473.88
Adjusted R-squared	0.997246	S.D. dependent var	13972.95
S.E. of regression	733.2503	Akaike info criterion	16.14298
Sum squared resid	16129681	Schwarz criterion	16.32255
Log likelihood	−270.4307	Hannan-Quinn criter.	16.20422
F-statistic	3984.517	Durbin-Watson stat	1.543497
Prob(F-statistic)	0.000000		

给定显著性水平 5%的条件下，查 F 分布表得临界值为 $F_{0.05}(1,30)=4.17$，$F=52.94>F_{0.05}(1,30)=4.17$，即模型存在设定误差。

（2）$Y_t = \beta_1 + \beta_2 X_t + \beta_3 P_t + \beta_4 Y_{t-1} + w_t$ 的回归结果为：

表 7.5.8　　表 7.5 重新设定模型回归结果

Dependent Variable: Y
Method: Least Squares
Date: 06/04/15　Time: 21:00
Sample (adjusted): 1979 2011
Included observations: 33 after adjustments

Variable	Coefficient	Std. Error	t-Statistic	Prob.
C	−84.69015	228.1442	−0.371213	0.7132
X	0.016036	0.004147	3.866367	0.0006
P	4.957008	2.776938	1.785062	0.0847
Y(−1)	0.919962	0.058673	15.67937	0.0000
R-squared	0.999253	Mean dependent var		12845.45
Adjusted R-squared	0.999176	S.D. dependent var		14017.98
S.E. of regression	402.4280	Akaike info criterion		14.94612
Sum squared resid	4696502	Schwarz criterion		15.12752
Log likelihood	−242.6110	Hannan-Quinn criter.		15.00716
F-statistic	12932.98	Durbin-Watson stat		2.188835
Prob(F-statistic)	0.000000			

表 7.5.9　　表 7.5 重新设定模型回归结果 RESET

Ramsey RESET Test：

F-statistic	0.804922	Prob. F（1,28）	0.3773
Log likelihood ratio	0.935278	Prob. Chi-Square（1）	0.3335

Test Equation:
Dependent Variable: Y
Method: Least Squares
Date: 06/04/15　Time: 21:03
Sample: 1979 2011
Included observations: 33

Variable	Coefficient	Std. Error	t-Statistic	Prob.
C	−34.17658	235.7378	−0.144977	0.8858
X	0.023081	0.008887	2.597088	0.0148
P	3.806793	3.067123	1.241161	0.2248
Y(−1)	0.893959	0.065620	13.62334	0.0000
FITTED^2	−1.03E−06	1.15E−06	−0.897174	0.3773
R-squared	0.999274	Mean dependent var		12845.45
Adjusted R-squared	0.999170	S.D. dependent var		14017.98
S.E. of regression	403.7884	Akaike info criterion		14.97839
Sum squared resid	4565263	Schwarz criterion		15.20513
Log likelihood	−242.1434	Hannan-Quinn criter.		15.05468
F-statistic	9634.686	Durbin-Watson stat		2.130090
Prob(F-statistic)	0.000000			

给定显著性水平 5%的条件下，查 F 分布表得临界值为 $F_{0.05}(1,28) = 4.20$，$F = 0.8049 < F_{0.05}(1,28) = 4.20$，即模型不存在设定误差。

第十章

时间序列模型

本章学习目的： 掌握时间序列弱平稳定义；熟悉时间序列模型的分类；熟悉时间序列非平稳性检验；熟悉协整与误差修正模型。

本章学习重点： 掌握时间序列弱平稳定义；掌握随机游走模型；清楚自回归模型与移动平均模型；熟悉单位根检验；熟悉时间序列协整的定义；熟悉 DF 和 ADF 检验；熟悉误差修正模型方法；熟悉相关 EViews 软件的使用。

10.1　什么是白噪音？

答： 若一个随机时间序列具有零均值同方差，而且不存在序列相关，则称该序列是一个**白噪音**或**白噪声过程**，即**纯随机过程**（Purely Random Process）。

10.2　什么是谬误回归？为什么要提出时间序列平稳性问题？

答： 假定 X 和 Y 的初始值为零，u_t 和 v_t 都不存在序列相关性，而且彼此之间也不存在相关关系。然而回归结果却显示为：X 系数是高度统计显著的，虽然 R^2 值较低，但它在统计上显著不等于 0。基于这些结论，得出 Y 与 X 之间存在显著统计关系的结论，尽管先前曾假定它们之间不存在任何关系。这就是**尤尔**（Yule）首次发现的**谬误或无谓、虚假回归现象**。

谬误相关在非平稳时间序列中也可能持续存在。极低的德宾–沃森 d 值表明存在很强的一阶自相关，从而暗示着上述回归有问题。为非平稳时间序列经过一阶差分后变成平稳的，在这样的回归中，本应该为 0 的 R^2 实际上也正是 0，德宾–沃森 d 值约为 2。

10.3　什么是单位根检验？

答： 随机游走模型 $X_t = X_{t-1} + u_t$ 是非平稳的，该序列可以看成是随机模型 $X_t = \gamma X_{t-1} + u_t$ 中参数 $\gamma = 1$ 时的情形。就是说，$\gamma = 1$，则随机变量 X_t 存在一个单位根。

因此，要判断时间序列是否平稳，可以通过判断是否存在单位根。这就是所谓的时间序列平稳性的**单位根检验**。

10.4 什么是单整？什么是协整？

答：若一个非平稳时间序列 X_t 必须经过 d 次差分之后才能变换成一个平稳的、可逆的时间序列，则称 X_t 具有 **d 阶单整（积）（Integrated of Order d）**性。

一般地，若序列 $X_{1t}, X_{2t}, \cdots, X_{kt}$ 都是 d 阶单整的，有向量 $\boldsymbol{\alpha}=(\alpha_1, \alpha_2, \cdots, \alpha_k)$，使得 $Y_t=\boldsymbol{\alpha X}'_t=\alpha_1 X_{1t}+\alpha_2 X_{2t}+\cdots+\alpha_k X_{kt}\sim I(d-b)$，其中，$0<b\leqslant d$，$\boldsymbol{X}_t=(X_{1t},X_{2t},\cdots,X_{kt})$，则称序列 $X_{1t},X_{2t},\cdots,X_{kt}$ 之间是 (d,b) 阶协整，记作 $\boldsymbol{X}_t\sim CI(d, b)$，$\boldsymbol{\alpha}$ **是协整向量**（Cointegrated Vector）。

10.5 什么是误差修正机制？

答：误差修正模型（Error Correction Model，ECM）或**误差修正机制**（Error Correction Mechanism，ECM）是一种具有特定形式的计量经济学模型，它的主要形式最初由萨甘（Sargan，1964）提出，后由亨德利·安德森（Hendry·Anderson，1977）和戴维森（Davidson，1977）等进一步完善。

若变量 X 与 Y 是协整的，则它们之间的短期非均衡关系总能由一个误差修正模型表述，即

$$\Delta Y_t=\text{lagged}(\Delta Y,\Delta X)-\lambda\cdot \text{ecm}_{t-1}+u_t,\quad 0<\lambda<1$$

10.6 什么是随机游走模型？

答：随机时间序列 $X_t=X_{t-1}+u_t$，其中 u_t 为白噪音，称为**随机游走模型**。

10.7 设时间序列 $X_t=\delta_0+\delta_1 t+\varepsilon_t$，其中 δ_0、δ_1 为常数，ε_t 为白噪音，请问：

（1）X_t 是平稳时间序列吗？

（2）$X_t-E(X_t)$ 是平稳时间序列吗？

解：（1）$E(X_t)=\delta_0+\delta_1 t+E(\varepsilon_t)=\delta_0+\delta_1 t$

$$Var(X_t)=Var(\delta_0+\delta_1 t+\varepsilon_t)=Var(\varepsilon_t)=\sigma^2$$

X_t 均值与时间有关，不是常数，所以，不是平稳时间序列。

（2）$X_t-E(X_t)$ 的均值等于 ε_t 的均值，即为 0。而序列的方差不变，且协方差为

$$Cov(X_t, X_{t+k})=E\{[X_t-E(X_t)][X_{t+k}-E(X_{t+k})]\}=E(\varepsilon_t\cdot\varepsilon_{t+k})=0$$

所以，序列 X_t 是平稳的。

10.8 什么是 DF 和 ADF 检验?

答：迪基–福勒（Dickey-Fuller）于 1976 年提出了 t 统计量（或 τ 统计量）的检验，即 **DF 检验**。即给定显著性水平 α，在原假设 $\gamma=1$ 或 $\delta=0$ 条件下，统计量

$$DF_t=\frac{\hat{\gamma}-1}{Est.Std.\text{Error}(\hat{\gamma})}=\frac{\hat{\gamma}-1}{\widehat{SE}(\hat{\gamma})}$$

服从 τ 分布，即 DF 分布。

在 DF 检验中，我们假定误差项不存在序列相关，但在误差项存在序列相关时，迪基和福勒又提出了一个被称为**增广迪基–福勒检验**（Augmented Dickey-Fuller test，ADF）的方法。

10.9 什么是 EG 和 AEG 检验?

答：协整检验有两种方法：一种是**恩格尔**（Engle）和**格兰杰**（Granger）于 1987 年提出的两步检验法，也称 EG（或 AEG）检验，与 DF 和 ADF 检验相同；另一种是**约翰森**（Johansen，1988，1991）、**沃森**（Watson，1988）和**朱瑟利斯**（Juselius，1990）提出的基于自回归模型的多重协整检验方法。

10.10 如果时间序列是 $I(3)$，请问要经过几次差分才能使它变成为平稳的?

答：3 次差分。

10.11 利用 EViews6.0 检验表 10.4 中的序列 ln*export* 为一阶单整，即 ln*export*～$I(1)$。

解：ADF 单位根检验结果如下：

表 10.4.1　　　　表 10.4 ADF 单位根检验结果

Null Hypothesis: LNEXPORT has a unit root
Exogenous: Constant
Lag Length: 2 (Fixed)

		t-Statistic	Prob.*
Augmented Dickey-Fuller test statistic		1.093155	0.9970
Test critical values:	1% level	−3.546099	
	5% level	−2.911730	
	10% level	−2.593551	

*MacKinnon (1996) one-sided p-values.
Augmented Dickey-Fuller Test Equation
Dependent Variable: D(LNEXPORT)
Method: Least Squares
Date: 10/04/13　Time: 19:12
Sample (adjusted): 1953 2011
Included observations: 59 after adjustments

Variable	Coefficient	Std. Error	t-Statistic	Prob.
LNEXPORT(−1)	0.008300	0.007592	1.093155	0.2791
D[LNEXPORT(−1)]	0.369921	0.134336	2.753698	0.0080
D[LNEXPORT(−2)]	−0.138803	0.131546	−1.055168	0.2960
C	0.057060	0.043114	1.323482	0.1912

R-squared	0.160463	Mean dependent var	0.131309
Adjusted R-squared	0.114670	S.D. dependent var	0.135214
S.E. of regression	0.127226	Akaike info criterion	−1.220320
Sum squared resid	0.890250	Schwarz criterion	−1.079470
Log likelihood	39.99945	Hannan-Quinn criter.	−1.165338
F-statistic	3.504091	Durbin-Watson stat	1.960257
Prob(F-statistic)	0.021245		

t 统计量为 1.093155，大于各显著水平下的 MacKinnon 临界值，因此，序列是非平稳的。继续进行一阶差分 ADF 检验结果如下：

表 10.4.2 **表 10.4 一阶差分 ADF 检验结果**

Null Hypothesis: D(LNEXPORT) has a unit root
Exogenous: Constant
Lag Length: 2 (Fixed)

		t-Statistic	Prob.*
Augmented Dickey-Fuller test statistic		−4.304036	0.0011
Test critical values:	1% level	−3.548208	
	5% level	−2.912631	
	10% level	−2.594027	

*MacKinnon (1996) one-sided p-values.
Augmented Dickey-Fuller Test Equation
Dependent Variable: D(LNEXPORT,2)
Method: Least Squares
Date: 10/04/13 Time: 19:21
Sample (adjusted): 1954 2011
Included observations: 58 after adjustments

Variable	Coefficient	Std. Error	t-Statistic	Prob.
D[LNEXPORT(−1)]	−0.777988	0.180758	−4.304036	0.0001
D[LNEXPORT(−1),2]	0.188217	0.156745	1.200783	0.2351
D[LNEXPORT(−2),2]	0.067027	0.142485	0.470413	0.6400
C	0.100801	0.029220	3.449716	0.0011

R-squared	0.336565	Mean dependent var	−0.000573
Adjusted R-squared	0.299707	S.D. dependent var	0.153193
S.E. of regression	0.128197	Akaike info criterion	−1.204022
Sum squared resid	0.887464	Schwarz criterion	−1.061922
Log likelihood	38.91664	Hannan-Quinn criter.	−1.148671
F-statistic	9.131505	Durbin-Watson stat	2.002081
Prob(F-statistic)	0.000055		

t 统计量为−4.304036，小于各显著水平下的 MacKinnon 临界值，因此，差分后序列是平稳的。从而序列是一阶单整的，即 ln$export$～I（1）。

10.12 根据表 6.6 中的数据，检验中国居民实际总量消费支出与收入的对数序列 **ln*Y*** 与 **ln*X*** 是否存在长期均衡关系，如果存在，请用 **EG** 两步法进行协整性检验并建立误差修正模型。

解：对序列 ln*X* 进行 ADF 单位根检验：

表 6.6.3 **表 6.6 对序列 ln*X* 进行 ADF 单位根检验**

Null Hypothesis: LNX has a unit root
Exogenous: Constant
Lag Length: 2 (Fixed)

		t-Statistic	Prob.*
Augmented Dickey-Fuller test statistic		0.725911	0.9908
Test critical values:	1% level	−3.661661	
	5% level	−2.960411	
	10% level	−2.619160	

*MacKinnon (1996) one-sided p-values.
Augmented Dickey-Fuller Test Equation
Dependent Variable: D(LNX)
Method: Least Squares
Date: 10/04/13 Time: 19:28
Sample (adjusted): 1981 2011
Included observations: 31 after adjustments

Variable	Coefficient	Std. Error	t-Statistic	Prob.
LNX(−1)	0.007320	0.010084	0.725911	0.4741
D[LNX(−1)]	0.245368	0.192795	1.272689	0.2140
D[LNX(−2)]	−0.102258	0.189438	−0.539796	0.5938
C	0.004878	0.097978	0.049787	0.9607
R-squared	0.094545	Mean dependent var		0.093441
Adjusted R-squared	−0.006062	S.D. dependent var		0.043194
S.E. of regression	0.043325	Akaike info criterion		−3.320261
Sum squared resid	0.050680	Schwarz criterion		−3.135230
Log likelihood	55.46404	Hannan-Quinn criter.		−3.259946
F-statistic	0.939750	Durbin-Watson stat		2.035854
Prob(F-statistic)	0.435143			

t 统计量为 0.725911，大于各显著水平下的 MacKinnon 临界值，因此，序列是非平稳的。继续进行一阶差分 ADF 检验结果如下：

表 6.6.4　　　　表 6.6 对序列 ln*X* 进行一阶差分 ADF 检验结果

Null Hypothesis: D(LNX) has a unit root
Exogenous: Constant
Lag Length: 2 (Fixed)

		t-Statistic	Prob.*
Augmented Dickey-Fuller test statistic		−3.237331	0.0275
Test critical values:	1% level	−3.670170	
	5% level	−2.963972	
	10% level	−2.621007	

*MacKinnon (1996) one-sided p-values.
Augmented Dickey-Fuller Test Equation
Dependent Variable: D(LNX,2)
Method: Least Squares
Date: 10/04/13　　Time: 19:34
Sample (adjusted): 1982 2011
Included observations: 30 after adjustments

Variable	Coefficient	Std. Error	t-Statistic	Prob.
D[LNX(−1)]	−0.899440	0.277834	−3.237331	0.0033
D[LNX(−1),2]	0.152951	0.235909	0.648347	0.5224
D[LNX(−2),2]	0.130058	0.188425	0.690236	0.4962
C	0.084921	0.027098	3.133845	0.0042

R-squared	0.393634	Mean dependent var	0.000619
Adjusted R-squared	0.323669	S.D. dependent var	0.053507
S.E. of regression	0.044004	Akaike info criterion	−3.285499
Sum squared resid	0.050346	Schwarz criterion	−3.098672
Log likelihood	53.28248	Hannan-Quinn criter.	−3.225731
F-statistic	5.626136	Durbin-Watson stat	1.968620
Prob(F-statistic)	0.004140		

t 统计量为−3.237331，小于 5%的显著水平下的 MacKinnon 临界值−2.963972，因此，差分后序列是平稳的。从而序列是一阶单整的，即 ln$X$～I（1）。

用同样的办法来检测序列 ln$Y$，结果如下：

表 6.6.5　　　　表 6.6 对序列 ln*Y* 进行 ADF 单位根检验

Null Hypothesis: LNY has a unit root
Exogenous: Constant
Lag Length: 2 (Fixed)

		t-Statistic	Prob.*
Augmented Dickey-Fuller test statistic		0.574985	0.9866
Test critical values:	1% level	−3.661661	
	5% level	−2.960411	
	10% level	−2.619160	

*MacKinnon (1996) one-sided p-values.
Augmented Dickey-Fuller Test Equation
Dependent Variable: D(LNY)
Method: Least Squares
Date: 10/04/13　　Time: 19:41
Sample (adjusted): 1981 2011
Included observations: 31 after adjustments

Variable	Coefficient	Std. Error	t-Statistic	Prob.
LNY(−1)	0.004713	0.008196	0.574985	0.5701
D[(LNY(−1)]	0.349269	0.190448	1.833934	0.0777
D[(LNY(−2)]	−0.172581	0.186413	−0.925801	0.3628
C	0.024297	0.078521	0.309426	0.7594

R-squared	0.134622	Mean dependent var	0.084449
Adjusted R-squared	0.038469	S.D. dependent var	0.032979
S.E. of regression	0.032339	Akaike info criterion	−3.905195
Sum squared resid	0.028236	Schwarz criterion	−3.720164
Log likelihood	64.53052	Hannan-Quinn criter.	−3.844880
F-statistic	1.400084	Durbin-Watson stat	1.940933
Prob(F-statistic)	0.264259		

t 统计量为 0.574985，大于各显著水平下的 MacKinnon 临界值，因此，序列是非平稳的。继续进行一阶差分 ADF 检验结果如下（选择自动选择滞后阶数法检验）：

表 6.6.6　　　　表 6.6 对序列 ln*Y* 进行一阶差分 ADF 检验结果

Null Hypothesis: D(LNY) has a unit root
Exogenous: Constant
Lag Length: 0 (Automatic based on SIC, MAXLAG=8)

		t-Statistic	Prob.*
Augmented Dickey-Fuller test statistic		−4.063403	0.0036
Test critical values:	1% level	−3.653730	
	5% level	−2.957110	
	10% level	−2.617434	

*MacKinnon (1996) one-sided p-values.
Augmented Dickey-Fuller Test Equation
Dependent Variable: D(LNY,2)
Method: Least Squares
Date: 10/04/13　　Time: 19:43
Sample (adjusted): 1980 2011
Included observations: 32 after adjustments

Variable	Coefficient	Std. Error	t-Statistic	Prob.
D(LNY(−1))	−0.702555	0.172898	−4.063403	0.0003
C	0.059040	0.015627	3.778051	0.0007

R-squared	0.354995	Mean dependent var	−0.000290
Adjusted R-squared	0.333494	S.D. dependent var	0.038589
S.E. of regression	0.031504	Akaike info criterion	−4.016957
Sum squared resid	0.029775	Schwarz criterion	−3.925349
Log likelihood	66.27131	Hannan-Quinn criter.	−3.986591
F-statistic	16.51124	Durbin-Watson stat	1.842833
Prob(F-statistic)	0.000321		

t 统计量为−4.063403，小于各显著水平下的 MacKinnon 临界值，因此，差分后序列是平稳的。从而序列是一阶单整的，即 ln*Y*～*I*（1）。

现用 EG 两步法进行协整性检验：

（1）先建立 ln*Y* 与 ln*X* 之间的回归模型为：

$$\ln\hat{Y} = 0.619483 + 0.876787\ln X$$

表 6.6.7　　　表 6.6 对序列 ln*Y* 对 ln*X* 进行回归结果

Dependent Variable: LNY
Method: Least Squares
Date: 10/04/13　Time: 19:48
Sample: 1978 2011
Included observations: 34

Variable	Coefficient	Std. Error	t-Statistic	Prob.
C	0.619483	0.102831	6.024306	0.0000
LNX	0.876787	0.009981	87.84626	0.0000
R-squared	0.995870	Mean dependent var		9.617643
Adjusted R-squared	0.995741	S.D. dependent var		0.809401
S.E. of regression	0.052820	Akaike info criterion		−2.986830
Sum squared resid	0.089279	Schwarz criterion		−2.897044
Log likelihood	52.77611	Hannan-Quinn criter.		−2.956210
F-statistic	7716.966	Durbin-Watson stat		0.412277
Prob(F-statistic)	0.000000			

（2）设 $e_t = \ln Y - \hat{\ln} Y$，即残差项 et=resid，并对残差项进行序列稳定性检验。结果如下：

表 6.6.8　　　表 6.6 残差项序列稳定性检验结果

Null Hypothesis: ET has a unit root
Exogenous: None
Lag Length: 4 (Automatic based on SIC, MAXLAG=8)

		t-Statistic	Prob.*
Augmented Dickey-Fuller test statistic		−4.421668	0.0001
Test critical values:	1% level	−2.647120	
	5% level	−1.952910	
	10% level	−1.610011	

*MacKinnon (1996) one-sided p-values.
Augmented Dickey-Fuller Test Equation
Dependent Variable: D(ET)
Method: Least Squares
Date: 10/04/13　Time: 20:01
Sample (adjusted): 1983 2011
Included observations: 29 after adjustments

Variable	Coefficient	Std. Error	t-Statistic	Prob.
ET(−1)	−0.633757	0.143330	−4.421668	0.0002
D[ET(−1)]	0.291456	0.163426	1.783412	0.0872
D[ET(−2)]	0.281248	0.161443	1.742088	0.0943
D[ET(−3)]	0.371115	0.157297	2.359321	0.0268
D[ET(−4)]	0.500120	0.164684	3.036838	0.0057
R-squared	0.476537	Mean dependent var		0.001235
Adjusted R-squared	0.389293	S.D. dependent var		0.034848
S.E. of regression	0.027233	Akaike info criterion		−4.213170
Sum squared resid	0.017800	Schwarz criterion		−3.977429
Log likelihood	66.09096	Hannan-Quinn criter.		−4.139339
Durbin-Watson stat	2.294918			

显然 t 统计量为–4.421668，小于各显著水平的 Mackinnon 临界值，说明残差项是平稳序列，从而变量 ln$Y$ 和 ln$X$ 是（1，1）阶协整的，说明存在长期均衡关系。

现来建立误差修正模型：

$$\Delta \ln Y_t = \alpha \Delta \ln X_t + \beta \Delta \ln Y_{t-1} - \lambda e_{t-1} + u_t$$

回归结果如下：

表 6.6.9 **表 6.6 修正回归模型的回归结果**

Dependent Variable: LNY-LNY(−1)
Method: Least Squares
Date: 10/04/13 Time: 20:16
Sample (adjusted): 1980 2011
Included observations: 32 after adjustments

Variable	Coefficient	Std. Error	t-Statistic	Prob.
C	0.034033	0.015118	2.251159	0.0324
LNX-LNX(−1)	0.393632	0.099299	3.964101	0.0005
LNY(−1)–LNY(−2)	0.171479	0.136113	1.259829	0.2181
ET(−1)	−0.257085	0.087983	−2.921990	0.0068
R-squared	0.513395	Mean dependent var		0.084159
Adjusted R-squared	0.461259	S.D. dependent var		0.032484
S.E. of regression	0.023843	Akaike info criterion		−4.518175
Sum squared resid	0.015918	Schwarz criterion		−4.334958
Log likelihood	76.29081	Hannan-Quinn criter.		−4.457444
F-statistic	9.847189	Durbin-Watson stat		1.915202
Prob(F-statistic)	0.000134			

最后估计的模型为：

$$\Delta \hat{\ln} Y_t = 0.034 + 0.393 \Delta \ln X_t + 0.171 \Delta \ln Y_{t-1} - 0.257 e_{t-1}$$

说明消费关于收入短期弹性为 0.393，由原模型知其长期弹性为 0.877。

10.13 表 8.1 给出了美国 **1970—1995** 年储蓄和个人可支配收入的数据（单位：十亿美元）。假设 Y 表示储蓄，X 表示个人可支配收入，分别取对数得时间序列 **ln*Y*** 和 **ln*X***。请：

（1）检验 **ln*Y*** 和 **ln*X*** 的单整性；

（2）检验 **ln*Y*** 和 **ln*X*** 之间的协整性，如果存在长期均衡关系，请用 **EG** 两步法进行协整性检验并建立误差修正模型。

解：（1）检验 ln$Y$ 与 ln$X$ 的单整性：

表 8.1.1　　　　　表 8.1 对序列 ln$Y$ 进行 ADF 单位根检验结果

Null Hypothesis: LNY has a unit root
Exogenous: Constant
Lag Length: 0 (Automatic based on SIC, MAXLAG=5)

		t-Statistic	Prob.*
Augmented Dickey-Fuller test statistic		−1.710694	0.4139
Test critical values:	1% level	−3.724070	
	5% level	−2.986225	
	10% level	−2.632604	

*MacKinnon (1996) one-sided p-values.
Augmented Dickey-Fuller Test Equation
Dependent Variable: D(LNY)
Method: Least Squares
Date: 10/04/13　　Time: 20:29
Sample (adjusted): 1971 1995
Included observations: 25 after adjustments

Variable	Coefficient	Std. Error	t-Statistic	Prob.
LNY(−1)	−0.122788	0.071777	−1.710694	0.1006
C	0.667655	0.358757	1.861025	0.0756
R-squared	0.112876	Mean dependent var		0.056311
Adjusted R-squared	0.074305	S.D. dependent var		0.163998
S.E. of regression	0.157788	Akaike info criterion		−0.778513
Sum squared resid	0.572631	Schwarz criterion		−0.681003
Log likelihood	11.73142	Hannan-Quinn criter.		−0.751468
F-statistic	2.926474	Durbin-Watson stat		2.181963
Prob(F-statistic)	0.100594			

t 统计量为−1.710694，大于各显著水平下的 MacKinnon 临界值，因此，序列是非平稳的。继续进行一阶差分 ADF 检验，结果如下：

表 8.1.2　　　　表 8.1 对序列 ln*Y* 进行一阶差分 ADF 检验结果

Null Hypothesis: D(LNY) has a unit root
Exogenous: Constant
Lag Length: 0 (Automatic based on SIC, MAXLAG=5)

		t-Statistic	Prob.*
Augmented Dickey-Fuller test statistic		−5.197170	0.0003
Test critical values:	1% level	−3.737853	
	5% level	−2.991878	
	10% level	−2.635542	

*MacKinnon (1996) one-sided p-values.
Augmented Dickey-Fuller Test Equation
Dependent Variable: D(LNY,2)
Method: Least Squares
Date: 10/04/13　　Time: 20:31
Sample (adjusted): 1972 1995
Included observations: 24 after adjustments

Variable	Coefficient	Std. Error	t-Statistic	Prob.
D[LNY(−1)]	−1.139445	0.219243	−5.197170	0.0000
C	0.060348	0.036060	1.673539	0.1084
R-squared	0.551117	Mean dependent var		0.006557
Adjusted R-squared	0.530714	S.D. dependent var		0.247028
S.E. of regression	0.169225	Akaike info criterion		−0.635519
Sum squared resid	0.630017	Schwarz criterion		−0.537348
Log likelihood	9.626231	Hannan-Quinn criter.		−0.609474
F-statistic	27.01058	Durbin-Watson stat		1.925051
Prob(F-statistic)	0.000033			

t 统计量为−5.197170，小于各显著水平下的 MacKinnon 临界值，因此，差分后序列是平稳的。从而序列是一阶单整的，即 ln*Y*～*I*（1）。

使用同样办法检验 ln*X*，结果如下：

表 8.1.3　　　　**表 8.1 对序列 ln*X* 进行 ADF 单位根检验结果**

Null Hypothesis: LNX has a unit root
Exogenous: Constant
Lag Length: 0 (Automatic based on SIC, MAXLAG=5)

		t-Statistic	Prob.*
Augmented Dickey-Fuller test statistic		−4.718272	0.0010
Test critical values:	1% level	−3.724070	
	5% level	−2.986225	
	10% level	−2.632604	

*MacKinnon (1996) one-sided p-values.
Augmented Dickey-Fuller Test Equation
Dependent Variable: D(lnX)
Method: Least Squares
Date: 10/04/13　　Time: 20:34
Sample (adjusted): 1971 1995
Included observations: 25 after adjustments

Variable	Coefficient	Std. Error	t-Statistic	Prob.
LNX(−1)	−0.027979	0.005930	−4.718272	0.0001
C	0.294224	0.045628	6.448362	0.0000

R-squared	0.491848	Mean dependent var	0.079613
Adjusted R-squared	0.469755	S.D. dependent var	0.024747
S.E. of regression	0.018021	Akaike info criterion	−5.117985
Sum squared resid	0.007469	Schwarz criterion	−5.020475
Log likelihood	65.97482	Hannan-Quinn criter.	−5.090940
F-statistic	22.26209	Durbin-Watson stat	1.456057
Prob(F-statistic)	0.000094		

t 统计量为−4.718272，小于各显著水平下的 MacKinnon 临界值，序列 ln$X$ 是平稳的，即 ln$X$ ～ $I(0)$。

注意：上述 ADF 单位根检验中，滞后长度都是 EViews 软件自动选择的。

（2）用 EG 两步法进行协整性检验并建立误差修正模型。

① 建立回归模型：$\ln\hat{Y}_t = -0.156 + 0.669\ln X_t$

表 8.1.4 **表 8.1 对序列 ln$Y$ 对 ln$X$ 进行回归结果**

Dependent Variable: LNY
Method: Least Squares
Date: 10/04/13 Time: 20:40
Sample: 1970 1995
Included observations: 26

Variable	Coefficient	Std. Error	t-Statistic	Prob.
C	−0.155586	0.393454	−0.395435	0.6960
LNX	0.669029	0.050896	13.14490	0.0000
R-squared	0.878042	Mean dependent var		4.999615
Adjusted R-squared	0.872960	S.D. dependent var		0.452228
S.E. of regression	0.161186	Akaike info criterion		−0.738709
Sum squared resid	0.623544	Schwarz criterion		−0.641933
Log likelihood	11.60322	Hannan-Quinn criter.		−0.710841
F-statistic	172.7884	Durbin-Watson stat		0.925716
Prob(F-statistic)	0.000000			

② 设残差项 et=resid，并对残差项进行序列稳定性检验：

表 8.1.5 **表 8.1 残差项序列稳定性检验结果**

Null Hypothesis: ET has a unit root
Exogenous: None
Lag Length: 0 (Automatic based on SIC, MAXLAG=5)

		t-Statistic	Prob.*
Augmented Dickey-Fuller test statistic		−2.798070	0.0071
Test critical values:	1% level	−2.660720	
	5% level	−1.955020	
	10% level	−1.609070	

*MacKinnon (1996) one-sided p-values.
Augmented Dickey-Fuller Test Equation
Dependent Variable: D(ET)
Method: Least Squares
Date: 10/04/13 Time: 20:45
Sample (adjusted): 1971 1995
Included observations: 25 after adjustments

Variable	Coefficient	Std. Error	t-Statistic	Prob.
ET(−1)	−0.478838	0.171132	−2.798070	0.0100
R-squared	0.245672	Mean dependent var		0.003048
Adjusted R-squared	0.245672	S.D. dependent var		0.155053
S.E. of regression	0.134667	Akaike info criterion		−1.132853
Sum squared resid	0.435242	Schwarz criterion		−1.084097
Log likelihood	15.16066	Hannan-Quinn criter.		−1.119330
Durbin-Watson stat	1.863815			

上面结果显示，残差项是平稳的。但问题是 $\ln Y$ 与 $\ln X$ 单整的阶数不同。重新检测 Y 与 X 的平稳性。结果显示：$Y \sim I$（2）；$X \sim I$（3）。这个问题应该是由观测数据本身的原因造成的。

误差修正模型为：$\Delta \hat{\ln} Y_t = 0.952\Delta \ln X_t - 0.476e_{t-1}$（不理想）

表 8.1.6　　　　表 8.1 修正回归模型的回归结果

Dependent Variable: LNY-LNY(−1)
Method: Least Squares
Date: 10/04/13　　Time: 21:12
Sample (adjusted): 1971 1995
Included observations: 25 after adjustments

Variable	Coefficient	Std. Error	t-Statistic	Prob.
LNX-LNX(−1)	0.951706	0.325371	2.924992	0.0076
ET(−1)	−0.475578	0.172054	−2.764130	0.0110
R-squared	0.347145	Mean dependent var		0.056311
Adjusted R-squared	0.318760	S.D. dependent var		0.163998
S.E. of regression	0.135360	Akaike info criterion		−1.085143
Sum squared resid	0.421412	Schwarz criterion		−0.987632
Log likelihood	15.56428	Hannan-Quinn criter.		−1.058097
Durbin-Watson stat	1.846136			